信仰生活ガイド

十戒

吉岡光人 編

日本キリスト教団出版局

「信仰生活ガイド」は、月刊誌『信徒の友』に掲載された記事に、新しい文章を加え、キリスト教信仰の「入門書」また「再入門書」として、書籍化するシリーズです。

はじめに

吉岡光人《よしおかみつひと》

わたしはキリスト者の家庭に生まれ、幼い時から教会に通っていました。そのような環境で育ちましたので十戒という言葉そのものは、幼い時から耳にしていました。しかしわたしの十戒に対するイメージは、歴史スペクタクル映画「十戒」のシーンで覚えている程度であり、それは遠く昔のイスラエル民族の出来事にしか過ぎず、自分との関わりで考えることなど全くありませんでした。わたしが通っていた教会の牧師は十戒の意義を説教や入門講座などで懇切丁寧に解き明かしておられたことでしょうし、教会学校においてもそれは同様だったことでしょう。しかし「十戒」と聞くと、わたしの頭の中にはチャールトン・ヘストン扮するモーセが、杖で海を二つに分けるところばかりが思い浮かび、その内容は全くと言っていいほど理解していませんでした。

わたしが最初に十戒の意義を意識したのは大学一年生の時です。「キリスト教概論」の講義を通して、十戒は実は「今、このわたしにとって大切な言葉」であることを教師から教えられました。この時、十戒が「堅苦しい言葉」という偏見から少し解放されました。

次にわたしが十戒を意識したのは、J・M・ロッホマンというチェコ人の神学者の『自由の道しるべ――十戒による現代キリスト教倫理』（畠山保男訳、新教出版社）という本と出合った時です。十戒はわたしに何かを押しつけるものではなく、わたしが自由に生きることができるようにと神が備えてくださった「道しるべ」なのだということを知らされて、「目からウロコが落ちる」ような思いになりました。

神学生時代にはディートリヒ・ボンヘッファーの神学を学ぶことを通して更に十戒の重要さを知ることになりました。ヒトラー政権時代の告白教会による教会闘争は、十戒の第一戒を遵守することを通しての信仰の戦いであったことを知った時、その戦いが教会の本質に関わることであることに改めて気づかされたのです。

伝道者となって、更に十戒から多くを学ぶ機会を得ました。それは遣わされた教会で、求道者のための『ハイデルベルク信仰問答』の講座を担当した時でした。受講生と一緒にテキストを読み進めていくことを通して、更に十戒の持つ意義の深さを味わい知ることができました。「神を愛することと、隣人を自分のように愛すること」について「律法全体と預言者は、この二つの掟に基づいている」（マタイ22・40）とイエスが教えられた内容は、まさに十戒に語りつくされていることを、この学びを通して改めて気づかされました。

十戒の一つ一つの戒めの多くは、簡潔な言葉で語られています。そのためか「つまらない」という印象を持たれている方もあるかもしれません。しかしその意義を深く探ってゆくと、実は、神が自由を失わないようにひとりひとりに与えてくださった恵みの言葉であり、共同体全体が互いに助け合い、喜びを分かち合って生きて行くことができるように与えてくださった、大切な「道しるべ」であることに気づかされます。そしてまた、十戒を知れば知るほど、イエス・キリストの十字架の贖《あがな》いがどれほど大きいものであるかということにも気づかされます。十戒を学べば学ぶほど、イエス・キリストの十字架の恵みが激しく迫ってくるのです。

本書の著者の方々は、さまざまな角度から十戒の持つ深い意義を解き明かしてくださっています。しかしその多様な切り口は、最終的には聖書がわたしたちに伝えようとする、普遍的な一つの真理へと至っています。「規範なき時代」と言われる現代社会において、神がわたしたちを深く愛してくださり、自由を見失わないようにとわたしたちに与えてくださった恵み深い「道しるべ」を頼りにして、共に生きる喜びを見つけていただきたいと思います。

（日本基督教団 吉祥寺教会牧師、前『信徒の友』編集長）

目次

装丁・松本七重

本書の引用する聖書は、基本的に『聖書　新共同訳』（日本聖書協会）に準拠しています。

十　戒　（出エジプト記20章2～17節より）

わたしは主、あなたの神、あなたをエジプトの国、奴隷の家から導き出した神である。

1　あなたには、わたしをおいてほかに神があってはならない。

2　あなたはいかなる像も造ってはならない。

3　あなたの神、主の名をみだりに唱えてはならない。

4　安息日を心に留め、これを聖別せよ。

5　あなたの父母を敬え。

6　殺してはならない。

7　姦淫してはならない。

8　盗んではならない。

9　隣人に関して偽証してはならない。

10　隣人の家を欲してはならない。

前文　わたしは主、あなたの神、あなたをエジプトの国、奴隷の家から導き出した神である

神の子たちの自由と尊厳のために

荒瀬《あらせ》牧彦《まきひこ》

十戒は教会に必要なのか

「十戒」は、キリスト教会において「主の祈り」、「使徒信条」と共に、信仰の基本を教える三つの重要な文書（三要文）の一つとして大切にされてきました。しかし、そのような位置づけに疑問を抱く人もいるかもしれません。

キリストの福音によって誕生したキリスト教会は、戒律重視のユダヤ教から独立したの

ではないか。律法の行いではなく信仰によって義とされると強調した使徒パウロは、律法は「キリストのもとへ導く養育係」であって、信仰が現れた今は「もはや、わたしたちはこのような養育係の下《もと》にはいません」と教えているではないか（ガラテヤ3・19―25）。律法の根本である十戒をあまりに重要視すると、律法主義に逆戻りしてしまうのではないか。

このような疑問を持つのは、ある意味当然のことです。ユダヤ教の信仰者がタナハ（ヘブライ語聖書）のトーラー（モーセ五書）における十戒を読むのと、キリスト教の信仰者が旧約聖書における十戒を読むのでは、受け取り方に違いがあるからです。たとえば、第四戒の「安息日を心に留め、これを聖別せよ」というのは、天地創造の七日目に神が休まれたことに基づいており、ユダヤの人々にとって土曜日こそ労働を停止して休む日です。しかし初期のキリスト者たちは土曜ではなく、キリスト復活の日であり新しい創造の日、終末の先取りの日として、日曜日を礼拝の日としました。これは、安息日の置き換えということでもありませんでした。日曜を「安息日」と理解する傾向が出てくるのは、かなり後のことです。つまり、十戒を文字通りに守ったわけではないのです。それに、イエスが安息日に病人を癒し、また弟子たちが麦の穂を摘んで食べるのを擁護されたことからもわかるように、何が安息の日にふさわしいかの理解も異なります。

しかし、それにもかかわらず、安息日の本質である「休む」ということ、すなわち自分がやっていることを週に一度きっちり「中断する」ことによって、時間を支配しているのは自分ではなく神さまであると覚え、神さまに立ち帰ること。これは、今に至るまでキリスト者に不可欠な教えであり続けています。根本にある、神と人とのあるべき関係は変わらないからです。

わたしたちは、イエス・キリストを通して十戒を受け取ります。十戒をすべてキリスト経由で受け止めるのです。わたしたちがキリストにあってそれを守る時、十戒は過去のもの、イスラエル専用のものというのでなく、福音に招かれた世界中のすべての人が、神の民として今を歩んでいくために必要なのだ、ということが見えてきます。

主の祈り・使徒信条と共に十戒を学ぶことによって、わたしたちは、キリスト教会が「旧約」と呼ぶものと「新約」と呼ぶものが、実は一つの恵みの契約としてつながっていることを知ることになります。アブラハムとの契約、シナイ山での契約、ダビデとの契約、そしてイエス・キリストによる新しい契約。これらは別々のものでなく、一本の太い線でつながれていて、終わりの時にまで至るのです。ですから、わたしたちは「契約の民」として、自分たちが自分たちであるために、十戒を生活の基礎に据えていきます。

「二枚の石の板」に記された十戒

モーセが二枚の石の板を手に持っている宗教画を見たことがありますか。これは、出エジプト記31章18節（申命記9・10）の、モーセが主から「二枚の掟の板」を授かったという記事に由来しています。それには神御自身の筆跡が刻まれていたとも聖書は記しています。もっともその板は、モーセが山を降りてきて金の子牛の周りで踊っている人々を見た時、怒りのあまり投げて砕いてしまったのですが。その後、戒めが再び授けられ、今度はモーセが主の言葉を聞き取って書き記した二枚の板をもって、山から降りてきました（出エジプト記34章）。

掟の板が二枚であったということから、十戒は二つに区分されるものと考えられてきました。その区分は聖書自体に記されているわけではなく、内容から見て二つに区分します。前半（ヨセフス・改革派・正教会の数え方でいう第一戒から四戒「安息日を聖別せよ」まで）

が神と人との関係を定め、後半（第五戒「父と母を敬え」以下）が人と人との関係を定めている、というのが一般的な理解ですが、第五戒を前半に含めるという分け方もあります。

律法学者がイエスに「あらゆる掟のうちで、どれが第一でしょうか」と質問した時、イエスが第一の掟は神を全力で愛すること、第二の掟は隣人を自分のように愛することとお答えになり、「この二つにまさる掟はほかにない」と言われましたが（マルコ12・28―31）、これは二枚の板をそれぞれ要約しているとも考えられます。

すべての戒めの前段としての前文

わたしたちが十戒を唱える際、どこから始めるのでしょうか。第一戒の「ほかに神があってはならない」からでしょうか。いいえ、違います。飛ばしてはならないのが、その前にある「わたしは主、あなたの神、あなたをエジプトの国、奴隷の家から導き出した神である」という前文です。これがすべての始まりであり、根拠だからです。

出エジプト記が証しする主（ヤハウェ）は、なにか絶対的で至高の存在があるといった漠然とした意味での神ではないのです。奴隷となっている民の「苦しみをつぶさに見」、

「叫び声を聞き」、「痛みを知った」がゆえに、「降《くだ》って行き」、「救い出し」、乳と蜜の流れる土地へと「導き上《のぼ》る」という（出エジプト記3章）、途方もなく感情が豊かで行動的な神なのです。この神は自《みずか》らを「あなたの神」と言ってはばかりません。「あなた」との関係を公にし、その関係を永続する強い意志を持つ神なのです。そういう神が、その熱情をぶつけるようにして民に授けるのがこの掟です。

神の動きが先にあります。神が奴隷の家から民を導き出したのです。そしてこの先も責任をもって先導するのです。「だから、あなたはこうしてはならない。だから、あなたはこうしなくてはならない」と、各戒の前に一々「わたしは主……だから」と前文をつけて読むべきような性格のものなのです。

わたしが神学校の旧約緒論という授業で出エジプト記を学んだ時、左近淑《きよし》教授が高い声を更に高く上げて、熱く語られたことをよく覚えています。十戒の「あなたは……してはならない」は通常の禁止の形ではない。「あなたは……することはない」という単純な否定形である。これは、「わたしがあなたの神であり、あなたを救い出したのだから、他の神を持つはずがない」という宣言のような言葉なのだ、と。十戒は単なる法律の文章とは異なる、ということを心に留めたいと思います。

律法の三つの益

宗教改革者カルヴァンは『キリスト教綱要』第二編七章において、律法には任務あるいは用益が三つあると論じています。第一は、義を示すことによって人間に自らの罪深さを教える働き。これによって人は、自らのうちに希望がないことを知り、キリストにある救いへと向かいます。第二は、刑罰への恐れによって悪を抑制し、人間の社会生活に秩序を保つ働き。これは、人を真の敬虔へと向けて徐々に備える教育的働きでもあります。そして第三は、信仰者に「主の意志が何であるかを日に日にますます良く分からせ」る働き。カルヴァンはこれこそが律法の主要な用益であると強調しています。改革派の礼拝で、罪の告白の祈りと赦しの宣言に続いて、会衆が十戒を誦《とな》える（歌う）伝統があるのは、この「福音から律法へ」という順序を反映しています。つまり、キリストの恵みのゆえに罪赦された者たちが、新しい人間として生きる指針として、十戒を心に刻むのです。

奴隷の家に逆戻りしないために

わたしたちが十戒を唱え続けるのは、何よりも、「奴隷の家」に逆戻りしてしまわないためです。神さまはわたしたちをそこから導き出し、約束の地へと向かう自由な人間としてくださったのです。真の解放者である御方を見失い、何か別のものを神に据えてしまえば、たちまちわたしたちはその奴隷になってしまいます。自分の権力や欲望を支配者の座に据えてしまえば、たちまちわたしたちは他の人の尊厳や命の強奪者となってしまいます。そして、その結果、いただいた救いの恵みを台無しにし、神の子としての自由と尊厳を失ってしまいます。

自分が救われるために十戒を守るのではありません。罪赦され、救われた者として、その救いにふさわしい生き方のために十戒を指針とするのです。自由な人間であるために、十戒を生きていきましょう。

（日本聖書神学校教授、カンバーランド長老教会　あさひ教会協力牧師）

第一戒　あなたには、わたしをおいてほかに神があってはならない

真の神とは誰を救い、誰を守る神なのか

浅見定雄《あさみさだお》

第一戒と「前文」

「あなたには、わたしをおいてほかに神があってはならない」（出エジプト記20・3）。これが第一戒だということは、今ではキリスト教徒には常識でしょう。

しかし少し古い時代をたどると、まずユダヤ教では、2節の「わたしは主、あなたの神、あなたをエジプトの国、奴隷の家から導き出した神である」（これを仮に「前文」と呼びま

教派ごとの十戒の数え方

改革派・東方正教会など		ルター派・カトリックなど
前文	わたしは主、あなたの神……	前文
1	ほかに神があってはならない	1
2	偶像を造ってはならない	
3	主の名をみだりに唱えてはならない	2
4	安息日を心に留め、これを聖別せよ	3
5	父母を敬え	4
6	殺してはならない	5
7	姦淫してはならない	6
8	盗んではならない	7
9	偽証してはならない	8
10	隣人の家を欲してはならない／隣人の妻を欲してはならない	9
	隣人のものを欲してはならない	10

す）を「第一戒」として、私たちの言う第一戒と第二戒を合わせ、「第二戒」と呼びました。

カトリックと伝統的ルター派では、「前文」と第一、二戒の全体を「第一戒」としました（すると最後の第十戒が九番目になってしまうのでそれを二つに分けて第九戒、第十戒とした）。他方ギリシア正教や伝統的改革派では、第一戒は前文を含むとしています。

しかしこれらの違いを超えて、一つだけ大切な共通点があります。それは「前文」と第一戒の関係の緊密さということです。ユダヤ教では前文こそ「第一戒」だと言い、他の伝統的キリスト教ではみな、前文を第一戒に含めたのです。

「前文」という呼び方は、一時は学界でも通用したものです。今ではこれは神の名乗りの言葉である（たとえば出エジプト記3章14節の口語訳「わたしは、有って有る者」のような）とか、いろいろな説があります。しかし大事なのはその内容です。神は昔イスラエルが奴隷だったときに助けてくれた神である。だからイスラエルはこの神以外を拝めないはずだ。それが「前文」と結びついた第一戒の意味なのです。

「前文」と第一戒の密接な関係は、旧約の他の個所からも証明できます。たとえば詩編81編の作者は、神がこう仰せられると歌っています。「あなたの中に異国の神があってはならない。あなたは異教の神にひれ伏してはならない。（なぜなら）わたしが、あなたの神、主。あなたをエジプトの地から導き上《のぼ》った神」（10―11節）。

「あなた」とは誰か

さて、十戒前文の「あなた」とはもちろん、モーセ時代に奴隷の状態に置かれていたイスラエルの全体または一人一人を指します。すると、現代でこのイスラエルに当たるのは誰かという問いが起こります。

たとえば「日帝」時代の韓国・朝鮮の多くのキリスト者たちは、この前文で「あなた」と呼びかけられているのは自分たちのことで、「エジプト」は日本、そして「ファラオ」は天皇だと考えました。

同じように、米国で公民権運動に立ち上がったアフリカ系のクリスチャンたちも、この前文の「あなた」とは自分たちのことであり、「エジプト」とは白人優位の社会のことだと考えました。現在パレスチナでは、この前文のイスラエルが今や自分たちパレスチナ人で、イスラエルこそエジプトではないかと考えている人々が大勢います。

一神教は文明の発達や風土とは無関係

このように「前文」との関係で第一戒を読むと、日本人としてもいろいろ考えさせられます。たとえば、聖書の一神教はパレスチナやシナイ半島の厳しい風土ゆえに生まれ、生まれると今度は、文明の先進国であるヨーロッパでさらに「高等宗教」となり、やがて文明開化の日本にも入ってきたのだと考える人々がいます。

しかし文明の発達ならば、ヨーロッパよりはるか以前に、モーセ時代のエジプトやメソポタミアは非常に高度の文明を誇っていました。しかしまさにそれゆえに、発達した分業や複雑な身分社会を反映した多神教が栄えたのです。現代の日本も似ています。科学技術では世界の先端を行くというのに、日本人は一神教でないことを少しも不合理とは思っていません。

一方、「聖書の地への旅」などで、「ああ、モーセの一神教はこういう厳しい風土から生まれたのだなあ」と妙に納得してしまうのも問題だと私は思います。旧約聖書で神は一度も「私は砂漠の厳しい神である」などと名乗ってはいません。またユダヤ人の祖先が「荒野」をさすらったのも、数千年の歴史のうちたった四〇年間のことでした。定住後の「乳と蜜の流れる地」には、たとえば熊も住んでいました（列王記下2・24）。ということは熊が住めるだけの森林があり、獲物となる小動物もたくさんいたということです。

ユダヤ人はその後「離散の民」となりますが、彼らはキリスト教徒と同様に（ただし、しばしば迫害されながらですが）、砂漠的風土ではない欧米を中心に、現代まで一神教を保ってきました。

9・11テロと米国のイラク介入以来イスラームについての誤解も増えているので、念のため付け加えておきます。クルアーン（コーラン）によると、イスラーム以前のアラビア砂漠の遊牧民たちは、一神教どころか嘆かわしいほどたくさんの「偶像」を拝んでいました。あのカーバ神殿は、そこに祭られていた彼らの神々をムハンマドが追放した、その記念の建物なのです。一方、今日イスラーム人口がいちばん多いのは、熱帯雨林の国、インドネシアです。

このように、風土と一神教にも特別な因果関係はありません。日本は自然が優しいから一神教になじめない、などという議論には実証的根拠がありません。問題は、日本人がどういう心を持った神を真の神と認めるか、です。

一神教は観念の産物ではない

前文の精神に従ってエジプトからの解放者である神だけを自分たちの神とした旧約の一神教は、ですから観念的に割り切った一神教ではありません。

陸続きのパレスチナでは、イスラエルの人々がお隣を見れば、フェニキアやモアブやアンモンの人々が、バアルとかケモシュとかいろいろな神々を拝んでいて、イスラエルの人々もけっこうその影響を受けたのでした。旧約の歴史書や預言書を読めばそのようすがよくわかります。

しかしイスラエルの心ある人々は、そういう周囲の国々（おもに都市国家）では王家とか支配者の神々ほど偉くて、その神々は奴隷を解放するどころか奴隷所有者の守護神であることを知っていました。詩編81編に続く82編は、支配者の味方ばかりして「弱者」「孤児」「苦しむ人」「貧しい人」を守らない神々のことを、名目上いくら「神」と呼ばれてもいずれは没落する存在だと歌っています。日本でも、有力な神々は今でもほとんど天皇家や徳川家の守り神であるのが気になります。

神の数と寛容・非寛容とは関係ない

このように、第一戒の言う一神教は観念的に杓子定規《しゃくしじょうぎ》の一神教ではありませんでした。ですから、他の神を拝むなと言っても、民衆がそれまで信じたり祝ったりしてきたことを一概に否定したりはしませんでした。

バアルが雨を降らせ麦を育てる神ならば、モーセの神もその力をちゃんと引き継ぎました。酵母抜きのパンの祭り（過越祭）やブドウの収穫祭（仮庵祭《かりいお》）は、みな先住農民から引き継いだ要素です。後のキリスト教（西方教会）がクリスマスを冬至祭に合わせたのも同じことです。

私は最近日本の教会で（まだ少数ですが）七五三の日に「幼児祝福式」をやり、子どもたちに細長い飴袋を持たせてあげるのを、ほほえましく思っています。

マザー・テレサはインドの老人たちを看取るとき、決してキリスト教への改宗など迫りませんでした。イスラームも、たとえばオスマントルコ時代には、ユダヤ教徒やキリスト教徒にはもちろん、各地の「異教徒」にもずいぶん寛容でした。

一方、明治以後敗戦までの日本は、八百万《やおよろず》の神々を認めながら、キリスト教だけでなく大本教《おおもと》や「ひとのみち」教団のような日本生まれの新宗教に対しても、たいへん非寛容でした。日本とよく似た祖先崇拝と多神教の文化を持つローマ帝国も、初期キリスト教に対してまったく寛容ではありませんでした。

このように、神の数と宗教的寛容・非寛容とは関係ありません。それは支配者の政治的意図によるものです。だからこそ大事なのは、真の神とはどんな人々を救い守ろうとする神なのかということです。

第一戒は、前文の精神と結びつけてそのことを私たちに問いかけているのだと思います。

（東北学院大学名誉教授）

第二戒　あなたはいかなる像も造ってはならない

第二戒と金の子牛の物語

牧《まき》野《の》信《しん》次《じ》

偶像礼拝の否定

十戒の第二戒は「あなたはいかなる像も造ってはならない」で始まっています。いわゆる偶像礼拝の禁止と言われる戒めです。この戒めと出エジプト記32章全体にある「金の子牛の物語」とを重ねて、旧約聖書の使信を明らかにすることが、与えられた主題です。

偶像礼拝の禁止が、イスラエルという神の民を古代オリエント世界に共通する宗教的慣習から分離する特色であることは、いくら強調してもしすぎることはないと思われます。その周辺の文化的遺産は神々の像に満ち、驚くべきものです。それに比べてイスラエルにはまったくと言ってよいほど、神ヤハウェを像にしたものがないのです。おそらく第二戒の影響が非常に強かったのではないかと考えられます。

第二戒が異教の神々を対象にしたのか、それともヤハウェと呼ばれる神を対象としたのかについては、随分論ぜられているのですが、第二戒はヤハウェの像を「偶像」として製作し礼拝することを禁止することが第一義であったと考えられます。偶像を造ることは、神の被造物である人間が神を形あるものとすることであって、神の自由なる主権を侵すのです。これが偶像禁止の根本的理由ではないかと思われます。

また偶像は人間の自由なる主体性をも侵すのです。このこともいくら強調してもしすぎることはありません。

第一戒と並ぶ第二戒は、元来その初めの20章4節前半だけであり、あとは説明的加筆と考えられています。この短い戒めは厳しい断言的形式の法と呼ばれていて、正確にはここに「あなたは、あなたのために」とあることに注意せねばなりません。

人間の手になる偶像はそれがどんなに巧みに芸術的に造られているとしても、所詮「被造物の被造物」にしかすぎません。「あなたは、あなたのために」と警告されているように、偶像礼拝は結局人間の地上的利益、幸福、名誉のための被造物礼拝であり、真に神のための礼拝ではないのです。それは出エジプトという神の救いのみ業からみればまさに主客転倒であり、奴隷から解放された者が再び偶像の奴隷に逆戻りすることです。

神がイスラエルを救い出したことは彼らの自由と幸福のためでしたが、根本的には神の栄光、聖なる「み名」のためであって、イスラエルはこの神に仕えるために選ばれ、その僕《しもべ》となったのです。「奴隷」も「僕」も「仕える」という言葉に由来する同一語です。人間は根本的には神にこそ仕えるものであって、神以外のもの、人間その他のいかなる被造物にも決して仕えるべき存在ではないのです。

あのモーセの召命の時に、「わたしはある。わたしはあるという者だ」（出エジプト記3・14）と自《みずか》らを啓示される神は、モーセをして「わたしはある」と自らを神のみ前にひとり立つことを可能ならしめるお方なのです。人間の自由と独立の根本的な立脚点と意義は実にここにあり、出エジプトとシナイの契約（十戒）と言われる事柄の意義もここにこそ見いだされるのではないかと思われます。

偶像礼拝の否定は、真の神を礼拝する人間の主体性の喚起という肯定に基づくのです。偶像に代わる、神と人間の真の出会いの場所が、ここで言われる肯定であり、根源的な事実なのです。出エジプト記20章5―6節の「熱情の神」は否定と同時にこの肯定を促し、かつもたらす義と愛の神なのです。

金の子牛の物語

金の子牛の物語はモーセ五書の最終編集者による巧みな物語構成上の挿話であり、第二戒への背反の具体例です。

資料や伝承の批判的分析はさておき、この出来事は列王記上12章25節以下の北王国の最初の王ヤロブアムがベテルとダンに金の子牛の祭壇を造り、エルサレム神殿の「神の箱」に対抗したという、申命記的史家の編集による物語と重なり合うために、歴史的には後者の事件を前者に年代的に遡《さかのぼ》らせたものではないかと考えられます。しかしこの物語の歴史的可能性は必ずしも否定できないのではないかと思います。

読者には出エジプト記32章全体を読んでいただきたいのですが、この物語は（一）1—6節　金の子牛の作成（シナイ山上）、（二）7—14節　神とモーセの対話（シナイ山上）、（三）15—20節　モーセの怒り（シナイの麓）、（四）21—24節　モーセとアロンの対話（シナイの麓）、（五）25—29節　レビ人による殺戮《さつりく》、（六）30—35節　モーセの執《と》り成《な》し（モーセの、民及び神との対話）の六つの部分に分けられ、シナイの山上と麓、対話の組み合わせの対照、物語の発端と進行・深化にみられる編集上の組み立ての巧妙さ、罪と赦しのパターンの緊迫した構成などをはっきりと認めることができます。

そして神の民イスラエルの歴史の発端にこのような金の子牛の背信の物語があることは、創世記3章の人類創造の発端に神の祝福に直結してアダムの背信の物語があることと何と鋭い対照をなしていることでしょう。神によってエジプトから解放され、選ばれて荒野へと導かれ、契約の民としての義務と責任を負わされたイスラエルが不可解にもアダムの背信を自ら犯すものであり、自らの足下に火がついているのです。

民はなぜ「イスラエルよ、これこそあなたをエジプトの国から導き上《のぼ》ったあなたの神々だ」（4節）と言い、なぜアロンがわざわざ子牛を造ることを選んだのでしょうか。民は出エジプトの神ヤハウェを見える形で求め、アロンは古代オリエント世界ですでに生産力、産出力の象徴であった牛を造って、民の要求を満たし、さらに「主の祭り」だと宣言します。

彼らはここで自らが何か新しい別の神の創造者となることを願ったのではなく、これによってむしろ神の栄光を増し加え、このことが神の栄光にふさわしいことと考え実行したのです。彼らはその祭りを偶像に対する祭儀とも、偽りの神への礼拝ともまったく認識しなかったのです。

そのような民が祭壇を築き、崇拝と献身のしるしとして捧げた祭りこそが彼らの契約の最高の成就であり、その具体的な敬虔の行為でした。従って彼らの前に立つものは牛であり、まさにそのような牛の姿をしたヤハウェなのです。それは神との関係のなんとグロテスクな倒錯であり、契約の破壊そのものではないでしょうか。このことは実に第二戒の背反であると同時にあの第一戒の背反なのです。

この民は確かにモーセの伝えた神の契約・意志・戒めとヤハウェという神の名をさえ共有していたでしょう。そのような彼らの確信と観念の中に、すなわち彼ら自身が考え造り出した牛の姿の中に、彼ら自身の神を認識していたのです。

だがモーセが不在になった時、この民は彼らのヤハウェに、そして自分自身の神性と自分自身に信頼し、その神と自分自身に満足を与えようとします。だから彼らは「さあ、我々に先立って進む神々を造ってください。エジプトの国から我々を導き上った人、あのモーセがどうなってしまったのか分からないからです」（1節）と、脅迫的な響きをもってアロンに金の子牛の作成を迫るのです。

彼らは形に造りあげることができる「神々」を欲します。後代の詩編はこの「背信の大罪」（ネヘミヤ記9・18）を次のように的確に告げています。

「彼らは自分たちの栄光を　草をはむ牛の像と取り替えた。彼らは自分たちを救ってくださる神を忘れた」（詩編106・20―21）。

いったい人は見ることも表象することもできない神を信じ、愛することができるのでしょうか。また金の子牛が神を象徴することがなぜ否定され禁止されねばならないのでしょうか。聖書宗教の根本問題がたえず問われ続けています。現代でもキリスト者においてすら、この偶像否定の根拠が必ずしも正しくは理解されていないのではないでしょうか。

なぜなら金の子牛はさまざまな姿をとって立ち現れているからです。

仲保者としてのモーセ

民がアロンに神像の作成を要求する前の言葉は、「わたしたちは主が語られたことをすべて行い、守ります」（出エジプト記24・7）です。アロンはなぜ民の背信を阻まないのでしょうか。彼はモーセに言いわけがましく、民らが自分に金を渡したのでそれを火に投げ入れると、「この若い雄牛ができたのです」（32・24）と、いわば自動的に起こったかのように言います。

彼は制度的祭司職の原型であり、聖所を守る者、供儀《くぎ》の最高の執行者でありながら、民の罪の発生とその力に対抗しえないのです。むしろ反対に罪を共に犯すだけでなく、まさに罪の代表者となり、イスラエルが犯す行為を超えたところに立つのではなく、その下に、否、その直中《ただなか》に立つのです。

一方モーセは神がその怒りをもって民を滅ぼそうとされる時、その前面に現れて神の審《さば》きを遂行します。だが同時に彼は神と民との間に仲保者《ちゅうほしゃ》として立ち、神をなだめ、その結末を想起させ、その真実に訴えつつ決然と神に翻意を迫ります。「どうか、燃える怒りをやめ、御自分の民にくだす災いを思い直してください」（12節）と。そしてモーセは罪の赦しのために自分の命をも差し出すのです。「もし、それがかなわなければ、どうかこのわたしをあなたが書き記された書の中から消し去ってください」（32節）と。

モーセこそ神の言葉にのみ生きたのです。真実の教会の姿がここにあります。

（日本基督教団隠退教師、農村伝道神学校講師）

第三戒　あなたの神、主の名をみだりに唱えてはならない

その名に現された神の愛

大村《おおむら》　栄《さかえ》

「みだりに」とは何か

聖書は私たちに主の名を唱えること自体を禁じているのではありません。詩編には繰り返し「主よ」と祈る言葉が見られます。そうしていいはずです。八木重吉はみんなでもっと主の名を呼ぼうと訴えます。

さて
あかんぼは
なぜに　あん　あん　あん　あん
　　　なくんだらうか

ほんとに
うるせいよ
あん　あん　あん　あん
あん　あん　あん　あん

うるさか　ないよ
うるさか　ないよ
よんでるんだよ
かみさまをよんでるんだよ

みんなもよびな
あんなに　しっっこくよびな

本当にそうだと思います。祈りの言葉は整わなくても、ただ「主よ、主よ」と呼ぶしかできない時があります。でもそうすることで支えられます。いつでも何度でも、主の名を「しっっこく」呼びたいです。

聖書が禁じている「みだりに」主の名を呼ぶというのは、それを自分の利益や主張のために唱えることを禁止しているのです。国の指導者が戦争を始めることを正当化するために主の名を用いたりするのは決してあってはならないことです。それは神（GOD）を拝すると言いつつ、自分の言いなりになる犬（DOG）にしてしまうことだ、と言った人があります。

主イエスも「主の名」の用い方について注意するように言われたことがあります。「わたしに向かって、『主よ、主よ』と言う者が皆、天の国に入るわけではない。わたしの天の父の御心を行う者だけが入るのである」（マタイ7・21）。「主よ、主よ」と呼び、主の

「御名によって悪霊を追い出し、御名によって奇跡をいろいろ行った」（22節）と誇る者たちがいたのです。それが「みだり」な呼び方だとは言われませんが、彼らは主イエスから「不法を働く者ども、わたしから離れ去れ」（23節）と厳しく叱られました。

「不法」とは文字どおり「法（律法）」の否定ですが、「不法がはびこるので、多くの人の愛が冷える」（24・12）と言われた主イエスにおいて、それは愛の否定と同様でした。「主よ、主よ」と言いつつ隣人愛を怠り、自分の名声や権力のために主の名を唱えるのは「天の父の御心」に反する行動であり、それをする者は「天の国」に迎えられないのです。

「わたしはなる」

私たちが「みだりに」ではなく、もっとすなおに唱えるべき「主の名」そのものについて考えましょう。

モーセは出エジプトの指導者となるよう命じられた時、悩んで神に訴えました。「わたしは何者でしょう。どうして、ファラオのもとに行き、しかもイスラエルの人々をエジプトから導き出さねばならないのですか」（出エジプト記３・11）。

「わたしは何者でしょう」。この問いは自分を確認するための基本的な問いです。私たちはいつもこの問いを心の奥底に抱いています。心理学ではアイデンティティ（自己同一性）の問題と言います。この深刻な問いに対して神はモーセに、「わたしは必ずあなたと共にいる。このことこそ、わたしがあなたを遣わすしるしである」（12節）と宣言されました。しかしモーセはさらに神の保証を求めて「主の名」をたずねたのです。

その答えはこうでした。「神はモーセに、『わたしはある。わたしはあるという者だ』と言われ、また、『イスラエルの人々にこう言うがよい。『わたしはある』という方がわたしをあなたたちに遣わされたのだと』」（14節）。

主の名は「わたしはある。わたしはある」というものでした。口語訳聖書では「有って有る者」、英語の聖書では「I am who I am」と訳されます。圧倒的な存在感をもって迫ってくる言葉です。しかも「ある」の原語ヘブライ語のハーヤーは、英語の Be よりもっと動きのある Become に近い言葉ですから、神は「わたしはある」より、「わたしはなる」と言われるほどに、生きて動いて、働いておられる神なのです。

生きて働く神

私たちはとかく神の存在を固定的に考えてしまいますが、それによって神の生きて働くみわざに制限をつけてしまうことがありはしないでしょうか。三〇年以上前、ある教会で担任教師をしていた時のことを思い出します。

大学生相当世代の青年会で、役員を決める選挙を行いました。投票の結果、その人に任せることはとうてい無理とわかっているのに、一人の女子学生に票が集まってしまいました。まるで人気投票のような異常さでした。本人は泣き出しそうになり、みんなは黙り込んでしまいました。その時に伝道師の私が「投票をもう一度やり直そう」と提案し、みんな静かに賛成してくれました。教会の一室で、祈って実行した行為を撤回し、やり直すというのは少し勇気がいりましたが、必要な決断でした。

その後も牧師として教会や教区・教団などでの経験を重ねる中で、一度決めてしまった事柄に拘束され、身動きとれなくなった状況を何度も見てきたような気がします。そういう時に、生きて働く神のみわざを妨げてしまってはいないかと思うのです。

神は固定的な存在ではなく、生きて働く方です。目標に向かい、目当てを目ざして進む方。歴史の目的に向かって突き進む神が私と共にいてくださる。モーセの「わたしは何者でしょう」という問いは、自分の動きを止め、立ち止まって考えようとする問いだったかもしれませんが、神はこの問いを受けとめてくださり、さあ、共に行こうと歩み出すのを促されます。しかも人類の救い、歴史の完成という神の尊い目的に向かう歩みを。私たちはこの神の目的に自分を捧げることによって、「わたしは何者でしょう」の答えを得るのです。

固く、共にいる神

しかし、生きて働く神というのは、決して状況に応じて目まぐるしく変化する流動的な神だという意味ではありません。

「神にかけて誓う」という言い方があります。それは、人間同士の約束はいいかげんだから、不変の神の名を使ってその曖昧さを克服しようとする心理です。ヘブライ人への手紙はそれについて鋭い分析をしています。「そもそも人間は、自分より偉大な者にかけて誓うのであって、その誓いはあらゆる反対論にけりをつける保証となります」（6・16）。

そして神ご自身の約束のしかたについて語ります。「神は、アブラハムに約束をする際に、御自身より偉大な者にかけて誓えなかったので、御自身にかけて誓い、『わたしは必ずあなたを祝福し、あなたの子孫を大いに増やす』と言われました」（13―14節）。神はご自身の名にかけて、アブラハムに始まる神の民に、永遠に変わらない救いを約束してくださったのです。

　そしてご自身が約束に忠実であることのしるしとして、クリスマスにひとり子イエス・キリストをお与えになりました。ヘブライ書はこの方こそが救いの約束を信じて生きる民、すなわち信徒の群れ、教会にとって最大の希望であると言います。「わたしたちが持っているこの希望は、魂にとって頼りになる、安定した錨《いかり》のようなもの」（19節）です。神がご自身を私たちと共に生きる者として固定してくださり、その約束を撤回しないしるしとして私たちの内におろされた「錨」が、イエス・キリストなのです。

　その名が「わたしはなる」と訳されうるほどに、聖書の神は固定した神ではなく、生きて働きたもう神であると同時に、ひとり子をクリスマスに世界に与えられることにおいてこの世界に錨をおろし、永遠に私たちと共にいてくださる不変の神なのです。

私たちはこの主の名を、自分のせまい願いや理想を主張するための道具としてではなく、救いの約束を信じて生きる喜びと愛をもって、心から唱えたいと思います。主が教えられたごとく、「ねがわくはみ名をあがめさせたまえ」（主の祈り）と祈りつつ。

てんにゐます
おんちちうへをよびて
おんちちうへさま
おんちちうへさまとなへまつる
いづるいきによび
入りきたるいきによびたてまつる
われはみなを
　よぶばかりのものにてあり
（八木重吉）

（日本基督教団 習志野教会牧師）

第四戒　安息日を心に留め、これを聖別せよ①

時間を聖別し、創造の秩序を回復する

小友《おとも》　聡《さとし》

安息日の根拠

なぜ、私たちキリスト者は日曜日に教会で礼拝を守るのでしょうか。日曜日の朝十時三十分に、たいていどこの教会でも厳かに礼拝が始まります。日曜日には台風が来ようが、どしゃ降りの雨が降ろうが、礼拝は行われます。大雪で交通機関が完全にストップしても、多くのキリスト者は歩いて礼拝に駆けつけます。キリスト者は必ず日曜日の礼拝に集うのです（コロナ禍による緊急事態宣言の時にはいささか困り果てましたが）。しかも毎週です。どうしてでしょうか。それは、そもそもキリスト教が日曜日に教会に集まる宗教だからです。それならば、日曜日に教会の礼拝に集まる根拠はいったいどこにあるのでしょうか。

それは旧約聖書の十戒にあります。安息日を覚えて聖別せよ（出エジプト記20・8―11）。ここに根拠があるのです。

十戒は、エジプトから脱出したイスラエルの民がシナイ山で神と契約を結んだ時に、神から与えられたものです。エジプトで奴隷として苦しんでいたイスラエルを主はモーセによって導き出してくださいました。そのイスラエルの民を神は契約によって「神の民」として選んでくださったのです。その救いの神への応答としてイスラエルは十戒を守ることを約束しました。神さまが誠実を尽くして自分たちを守ってくださったのですから、自分たちも命がけで契約を守ります、と。

十戒はイスラエルが命がけで守るべき約束です。その第四戒が「安息日を心に留め、これを聖別せよ」という命令です。安息日に主を礼拝するということです。ただし、旧約聖書では安息日は日曜日ではなく、土曜日でした。キリスト教はこの安息日の翌朝に主イエス・キリストが復活されたことを記念して、日曜日を安息日とするようになりました。ユダヤ教との伝統の違いはありますが、安息日を厳守することはキリスト教会の本質にかかわる決定的に重要なことなのです。

十戒の第四戒

安息日を覚えて聖別せよ。それは、六日間働き、七日目は仕事を休んで主を礼拝する日としなさいということです。そもそも出エジプトは「礼拝を回復すること」が目的でした。安息日厳守はそのことを示唆しています。ですから、十戒はこの第四戒に集中していると見てよいのです。

ところで、旧約聖書に十戒は二つあることをご存じですか。十戒が二つあると聞くと、驚かれるかもしれませんが、十戒は出エジプト記20章のほかに、申命記5章にもあるのです。ほとんど同じ内容です。ですから、もともと一つだと見てかまいません。けれども、よく比べてみると、違いがわかります。その違いがはっきりとしているのがこの第四戒です。少し、ていねいに読んで比べてみましょう。

出エジプト記の方は、安息日厳守の根拠として、主が天と地を創造されたことを挙げています。「六日の間に主は天と地と海とそこにあるすべてのものを造り、七日目に休まれたから、主は安息日を祝福して聖別されたのである」（出エジプト記20・11）。天地創造が安息日厳守の根拠です。それに対して申命記の方はどうでしょうか。こちらも、安息日厳守の戒めそのものはまったく同じです。けれども、この申命記で安息日厳守の根拠とされているのは次の言葉です。

「あなたはかつてエジプトの国で奴隷であったが、あなたの神、主が力ある御手と御腕を伸ばしてあなたを導き出されたことを思い起こさねばならない。そのために、あなたの神、主は安息日を守るよう命じられたのである」（申命記5・15）。これは、明らかに出エジプト記の安息日厳守の根拠とは異なっています。

なぜ、安息日を厳守するのか。出エジプト記では主が天地創造の七日目に休まれたからだとされ、申命記では主がイスラエルをエジプトから救出したからだとされています。申命記の記述は出エジプトを前提としているように書かれています。重要なことは、「天地創造」も「出エジプト（奴隷解放）」も神の創造秩序の回復に関係しているということです。

安息日を厳守する。そのこと自体が創造主なる神の創造の秩序に属するということがわかります。

「安息日を聖別する」とは

私たちは安息日を守ります。それは、主ご自身がお命じになるからです。しかし、安息日厳守は決して無条件の戒律として命じられているのではありません。なぜならば、これを命じる主は、かつて奴隷であったイスラエルをエジプトから救い出してくださった救いの神だからです。その救いの出来事を想起し、主に感謝し、主との契約に生きるために、礼拝の日すなわち安息日があるのです。主が私たちのためにそれを備えてくださったのですから、安息日は主から与えられた恵みにほかなりません（マルコ2・27）。だから、私たちは安息日には仕事を休み、教会に集まって主を礼拝するのです。

安息日を「聖別する」とは、安息日を他の六日間と徹底的に区別するということです。ヘシェルというユダヤ教の学者はこのことを「時間の聖別」と呼んでいます。彼は、安息日は自分の時間ではなく、主のための時間だと見ます。だから、日常の仕事をきっぱりとやめる。たとえ、どこに行こうと、どこにいようとも、その時間は主ご自身のもの。自分の都合でかってに用いることが決して許されない聖なる時間だと言うのです。その時間をただ主に捧げ、お返しする。そのように安息日の「聖別」を考えるのです。時間に追われ、毎週日曜日の礼拝を守ることがむずかしい私たちキリスト者が襟を正される思想だと思います。

けれども、そのような安息日への真剣な態度こそが私たちには何よりも大切なのではないでしょうか。主の日の礼拝を心から慕い、そこに全身全霊を集中する。それがキリスト者の基本姿勢です。

ある女性は夫に、教会の礼拝に行くことを固く禁じられ、日曜の朝は部屋の片隅で一人聖書を開き、賛美歌を歌い、ささやかな礼拝をするのが常でした。その母親の真実な姿を見て三人の子どもたちは育ちました。子どもたちはやがて洗礼を受けキリスト者となりました。夫もその後、教会に導かれ、日曜日は家族全員が教会の礼拝に出かける安息日となりました。この女性の安息日厳守は信仰の証しとなったのです。

安息日の現代的意味

安息日のことをヘブライ語で「シャッバート」と言います。このヘブライ語はもともと「やめること」「放棄すること」を意味します。ですから、安息日とは文字どおり「仕事を休む日」です。「七日目は、あなたの神、主の安息日であるから、いかなる仕事もしてはならない」（出エジプト記20・10）。

「シャッバート」は人間の行動制限を意味します。私たちは時間は自分のものだと考えています。けれども、人間は時間を支配することはできません。自分で支配しているようにに見えながら、実は決してそうではない。時間を止めることはできず、寿命を長くすることもできません。ですから、時間はもともと神に属するものだと言うほかありません。安息日が来るごとに、そのことを私たちに気づかせてくれます。安息日は自分の時間を神にお返しし、行動制限をする日です。だからこそ、安息日厳守は神の創造の秩序に属する事柄だと言えるのです。このことは私たち現代人にとって極めて重要なメッセージを含んでいると思います。

目標達成、生産増大、経済効率。そういう言葉が無条件で肯定されるのが私たちの社会です。安息日を守ることはそれに背を向ける態度決定を私たちに迫ります。私たちはそれによって不利益を被り、理解されないかもしれません。けれども、止める、中断する、断念することは意味あること（安息）です。たとえそういう経験をしたとしても、いや、そういう経験こそが私たちキリスト者にとって大事なことではないでしょうか。

旧約聖書では、安息日のほかに、安息年と呼ばれるものがあります。七年目に畑を休耕し、奴隷を解放するのです。そして、五〇年目はヨベルの年（レビ記25章）です。その年、すべての債務は帳消しにされます。債権者が債権を永久に「放棄する」のです。この破格の一方的赦しは主イエス・キリストの十字架の愛を私たちに想起させます。

いま、私たちは多くのものを与えられています。そうであるからこそ、獲ることよりも、むしろ放棄する生き方を私たちも考えてみたいと思うのです。

（東京神学大学教授、日本基督教団 中村町教会牧師）

第四戒　安息日を心に留め、これを聖別せよ②

中断の祝福――忙しすぎる私たちのために

柏木《かしわぎ》哲夫《てつお》

二十五歳で洗礼を受け、六十七歳の今日まで四二年間、学会など特別の時を除いて、ずっと聖日礼拝を守ってきました。礼拝は私の信仰生活の中心でした。日曜日に教会に行き、メッセージを聴き、教会のメンバーと交わるということは、私のこれまでの人生のいわば「ルーティーン（慣例）」でした。いつも妻と、今年九十三歳になる私の母と三人で礼拝に行きます。最近では息子夫婦と二人の孫娘に教会で会えるのも楽しみです。

私にとって礼拝とは何を意味するのか、日頃改めて考えることはあまりありません。それほど日常生活の中の一部になっているからかもしれません。今回、礼拝を中心に私にとっての安息日について考えをめぐらせてみました。

私は今、大学の学長というかなり忙しい仕事に従事しています。それ以外に「日本ホスピス・緩和ケア研究振興財団」の理事長もしています。講演と執筆もかなり引き受けています。学会関係の仕事もあります。要するに「忙しい」わけです。この忙しさの中で、世に流されずに、しっかり信仰生活を保っていくことはかなりむずかしいと感じています。毎日の生活の中に、信仰を保つ工夫を習慣のように取り入れることが必要と思います。私にとってそれは祈ること、聖書を読むこと、礼拝を守ることです。

祈ること

祈りは信仰生活の呼吸であるとよく言われます。忙しい生活をしていればそれだけ祈りが必要だとも言われます。マザー・テレサは一日の仕事を始める前に三時間祈ったそうです。三時間はおろか、十分程度の祈りですが、私は毎日、朝目覚めてすぐに四つの祈りをしています。
(一) その日のスケジュールのために。予定の一つ一つについて祈ります。たとえば、その日の会議や講演のために。
(二) 決断のために。その日になさなければならない決断をみ心にそってできるように。特に、依頼されたことを引き受けるか、断るかの決断がみ心にそってできるように。
(三) 何が起こっても平静な心をもって対処できるように。今日、どんなことが起こるかわかりません。何が起きても、あわてず、落ち着いて対処できるように。
(四) とりなしの祈り。家族が守られるように、病気の知人や、特に気になっている人のために。

このうち、特にその日の決断のためにしっかりと祈っておくことはとても大切だと思っています。人の一生は決断の連続です。大きな決断、小さな決断、それを自己中心的な、自分の思いだけからすると、どこかで問題が出てきます。弱い人間は祈っていても自己中心的な決断をします。祈っていなければなおさらです。とっさに決断しなければならない時、その日の朝の祈りがその決断に影響するのはまちがいありません。

祈りは自分の思いを神さまに投げ出す行為だと思います。投げ出した思いに神さまはきっと答えてくださると信じるのが信仰です。神さまからの答えは私の思いと異なるかもしれません。祈った結果、神さまからいただく新しい答えをみ心と信じ、受け入れるのが信仰なのだと思います。

聖書を読むこと

クリスチャンが聖書を読むことはごく当然だと考えられますが、毎日欠かさず聖書を読んでいる人はどれくらいいるでしょうか。案外少ないかもしれません。聖書を毎日読むためには、それをすべてに優先させなければ不可能です。疲れている時には新聞に目を通して寝てしまうこともあるでしょう。帰りが遅くなった時にはテレビのニュースを少し見て、床につくこともあるでしょう。

私はこれまで聖書を読むことを習慣化しようといろいろ工夫してきましたが、どれも完全に成功しませんでした。ここ数年、妻の助けを借りてかなりうまくいっている方法（百パーセント成功とはいえませんが）をご紹介します。

妻も仕事を持っていますので、二人とも帰宅が遅くなる時があります。そんな時でも、どちらかが「聖書を読もう」と言えば、それを優先するという約束を二人でしたのです。継続のコツはあまり長い時間をかけないことです。たとえば今はローマの信徒への手紙の一章を交互に読み、どちらかが短く祈ることにしています。この方法は今のところなんとかうまく進んでいます。

安息日、礼拝

年に数回、私自身が責任を持っている学会のために礼拝を守れない時があります。そのような時、私は二週間続けてこの世の波にもまれることになります。すなわち「中断」がないわけです。さらに、ごく例外的には二週間連続で礼拝に出られない時もあります。そんな時、私は「霊的な渇き」を覚えます。霊的な水を飲みたいというような感じです。魂を休ませてやりたいという感じと言ってもいいでしょう。

クリスチャンと安息日についていくつかのことを述べてみたいと思います。

中断の祝福

学生は学校で、主婦（夫）は家庭で、社会人は職場で、一週間の大半をすごします。それぞれ、勉強、家事、仕事に時間を費やすわけで、自分の責任をはたすという意味で、それぞれの場で懸命に時間をすごすことは大切なことです。しかし、信仰の立場からすると、これらのことは「世のこと」です。

賛美歌に「この世のつとめ　いとせわしく、ひとのこえのみ　しげきときに、うちなる宮に　のがれゆきて、われはきくなり　主のみこえを」（一九五四年版『讃美歌』313番、『讃美歌21』497番、『讃美歌21』は歌詞が異なります）というのがあります。

日常生活は多くの人にとって、同じことの繰り返しで、しかも、現代の日本人はとても忙しい日々を送っています。一週間に一度、その忙しい日常生活を中断して、世からのがれて「我《われ》に返る時」を持つことが大切なのではないでしょうか。この世に向かっていた意識を「神との交わり」に変える時が必要です。安息日を通して、私たちは日常生活を「中断」して、その断絶の中で神と交わり、神からの平安をいただくのです。

過適応の中断

現代人は「過適応状態」にあるといわれます。これは「不適応状態」と対比して考えられます。不適応は、たとえば職場に適応できなくて悩むという状態で、本人も「困ったこと」として自覚しています。これに対して過適応は職場に適応しすぎてしまい、客観的に見れば「やりすぎ」なのに、本人はそれが当然と思い、働きすぎるという状態です。したがって本人は「困ったこと」という自覚がなく、「これでいいのだろうか」という反省もありません。過適応状態は自覚症状がなく経過しますが、突然疲れが頂点に達して神経症のようになります。

週に一度の安息日に静かに自分の生活を振り返り、日常生活に適応しすぎていないか、世のことに埋没してしまっていないか、魂が疲れていないかなどのチェックが必要です。要するに「私の生活はこれでいいのだろうか」との問いかけを自分と神の両方にすることです。この意味でも礼拝で神の声を聴くことが大切です。

心配事の中断

小さな心配事から大きな心配事まで、私たちの人生には心配事が満ちあふれています。短時間で解決するものもあれば、長期にわたって持続するものもあります。努力である程度解決できるものもあれば、解決できないものもあります。心配事を持ち続け、心配し続けることはとてもつらいことです。週に一度の安息日にその心配事を神に委《ゆだ》ねて中断することを学ぶ必要があると思います。心配事を神に委ねるとは、どのような方法かはわからないにせよ、神さまが何とかしてくださると信じることです。

ノーマン・ピールという神学者が「主にある気楽さ」ということを言っていますが、まさに、委ねるとは、神を信頼して、気楽になることです。「あなたがたには世で苦難がある。しかし、勇気を出しなさい。わたしは既に世に勝っている」（ヨハネ16・33）というみ言葉がありますが、世に存在する心配事に関して、主がすでに勝利してくださっているのは、なんと大きな慰めでしょう。

安息日を「中断の祝福」という観点からとらえてみました。「人生の節目」とよく言いますが、日頃あまり立ち止まって考えないことでも、人生の節目には今までの生活を振り返り、これからの生活に思いを馳《は》せることをします。クリスチャンにとっては一週間に一度、この節目がめぐってくるわけです。安息日がなければ、節目なしに同じような生活が続きます。過適応になっていることにも気づかないかもしれません。

安息日という節目を中断と考えれば、まさにそこからは中断の祝福が得られます。この世の生活が続く限り、安息日を守り続けたいものだと思っています。

（大阪大学名誉教授、淀川キリスト教病院相談役・名誉ホスピス長）

＊文中の年齢等はすべて『信徒の友』掲載当時（二〇〇六年）のものです

第五戒　あなたの父母を敬え

恵みの神が与えた自我からの解放の言葉

石川《いしかわ》　立《りつ》

「父母を敬え」という言葉を聞いたとき、私たちはどのように感じるでしょうか。家父長制度を強める威圧的な言葉と解して不快に思い、反発する人もいるでしょう。素直に受け取って、「お父さん、お母さんを敬うのは自然なこと」と感じる人もいるでしょう。「母はともかく、父は厳しくてイヤだったなあ」と述懐する人や、そのような言葉を味わう余裕もなく、現実に、介護を必要とする老いた父親や母親を抱えている人もいるかもしれません。この言葉の受け取り方は、人さまざまなのかもしれません。

「自立した子」と「弱々しい両親」

父親や母親に対する関係は人それぞれかと思われますが、旧約聖書の枠の中、とりわけ十戒の文脈の中で、私たちはこの第五戒の言葉をどのように理解したらよいのでしょうか。十戒はそもそも、どのような人たちを対象に述べられたのでしょうか。そのいかんによって、第五戒の意味も変わってくるように思われます。

十戒が、親からまだ独立していない子どもに対して言われた言葉だとすると、第五戒の文言は、子どもは理屈を超えて両親の言うことを聞かなければならない、という意味になります。この言葉は、父親が強い力を持っている家の家訓のようなものとして理解できます。

しかし、十戒全体が、すでに独立し生計をたてている成人に対して言われた言葉だとすると、第五戒では、家の中の力はもはや子どもに移っており、両親はむしろ子どもに頼りぎみの弱々しい存在であるというイメージが見えてきます。

十戒という神からの教えは、全体を読んでみますと、働き盛りの、人から頼られるほどの年齢の成人を相手に示されていると思われます。

第四戒、すなわち安息日遵守の言葉の中には、仕事のことが述べられていますし、第六戒、第七戒、第十戒も成人相手に提示されていると考えるほうが自然です。十戒は神の教えを受け、これを自覚的に選び取る意志を持った成人に向けられています。

ですから、第五戒でイメージすべき父と母は、力でもって子どもを威圧する両親ではなく、すでに子どもが独立し、子どもからも頼られなくなった両親だと考えられます。第五戒は、家の中ですでに実質的に力を失い弱さを担った両親を「敬え」との教えにほかなりません。

外典である「シラ書〔集会の書〕」には「子よ、年老いた父親の面倒を見よ。生きている間、彼を悲しませてはならない。たとえ彼の物覚えが鈍くなっても、思いやりの気持を持て。自分が活力にあふれているからといって、彼を軽蔑してはならない」とあります(3・12―13)。これは旧約の文書よりも後代のものですし、その引用部分に母親のことが述べられてもいませんが、第五戒を適切に敷衍《ふえん》した奨《すす》めのように見うけられます。

創世記2章24節には、「男は父母を離れて女と結ばれ、二人は一体となる」とあります。この句は、なぜ息子は結婚し独立していくのか――その慣習の理由を説明する原因譚《たん》の結びとも言えますが、第五戒とは符合しないように思われます。しかし、すでに述べたように、第五戒は子どもが独立した後の教えです。父と母を離れて、両親に頼らずに生きることができる自信を得たときにこそ、「父と母を敬え」の奨めは意義を発揮するのです。

新約聖書にも第五戒の教えが出てきます。マタイによる福音書15章4―6節では、勝手な言い伝えのためにこの「神の掟」が形骸化していることがイエスによって批判されています。この教えは形だけではなく実質的に遵守されるべきだと言うのです。

この場面で考えられている父母も、やはり、力を持たない存在です。子どものほうが親よりも力を持ち、掟なども自分たちの都合のよいように解釈し、勝手に行動しています。両親のほうは、子どもに軽視されても、それを甘受している様子がうかがえます。このようなことが、十戒が効力を持っていたと思われる時代でも、横行していたようです。

神を重んじることと両親を重んじること

「敬う」と訳されている動詞は、元のヘブライ語では「重くする」「重んじる」という意味です。ですから、第五戒の奨めには、両親の言うことに「従え」という威圧的な意味合いはありません。

すでに述べたように、ここで念頭に置かれている両親は、もはや、子どもに何か命じるような立場にはいないようです。十戒ができた時代にも、父権社会とはいえ、権威と能力を失った両親は、実際のところ案外軽視されていたのかもしれません。

そうだとしますと、このことは、第一戒にもどって、神にも当てはまることなのではないでしょうか。形式的にこそ敬われていても、おそらく隠れたもう真の神はたいていの場合、軽んじられていたのです。十戒を読むと今日では威圧的な印象を受けますが、第一戒で強い神をイメージし、第五戒で親の権威主義を見るのは適切ではないと思われます。

第五戒はまた、第一戒ともども、出自への思いを強調しています。人間にとって出自は神にほかなりませんが、人間のレヴェルにかぎれば、両親が出自であることになります。出自である両親を忘れずに重んじる――このことが、神を忘れずに重んじることにつながります。

ここには、神を重んじる者は両親を重んじるはずだし、両親を重んじる者は神を重んじるはずだとの思いがあります。出自を思うという意味で、第一戒と第五戒はそれぞれ、第一の板（第一から第四戒）と第二の板（第五から第十戒）の初めに並列的に置かれています。

さらに、子どもをもはや支配しない両親は、子どもにとってはもっとも身近な隣人であるとも言えます。第五戒には、両親を重んじる者は隣人を重んじる者であるはずだとの思いもあるのではないかと思われます。そうだとすると、第五戒が、十戒後半の隣人に関する教えの冒頭に置かれていることも、うなずけます。

以上のように、第五戒は十戒の前半と後半の間にあって、第二の板の内容を導きながら、第一と第二の板とをつなぐ役割を担っています。

「敬う」ことは「自我」からの解放

先に述べたように、「敬う」とは「重んじる」ことです。他者を重んじる、ということは、自分を軽くして相手に中心を置くということにほかなりません。それは、必ずしも相手に服従したり、隷属したりすることではなく、むしろ、相手を思うことによって、自我への思い・こだわり・はからいから解放されることを意味しているのではないでしょうか。とりわけ、独立した働き盛りの成人にとって、両親は自分たちより死に近い弱い人々に属します。自分たちに便宜をはかってくれる強権の人にではなく、自分にとって利用価値がないと見える人に思いを懸けることは、当人の気持ちを広々とすがすがしい気持ちにしてくれます（詩編119・45参照）。

「敬う」ことが自我への思いからの解放を含むとすれば、第五戒には、両親を「敬う」ことによって功徳《くどく》を積むことができるという発想はなく、「敬う」こと自体が神の祝福に通じるのだとの洞察が厳存しているのではないかと思われます。

第五戒の奨めのあとには、両親を敬うための動機づけが付記されています。「そうすればあなたは、あなたの神、主が与えられる土地に長く生きることができる」（出エジプト記20・12）。

「土地」への言及は出エジプトとカナン定着を想起させ、第一戒との関連を示唆しています。この付記を文字どおりに受けとめると、両親の言うことをおとなしく守っていれば、そのご褒美として土地も確保でき長生きもできる、ということになります。「ああ、そうか、両親のことを思ってではなく、自分自身のために両親を尊重せよ」と言っているのだな、と納得してしまいそうです。

しかし、第五戒は因果応報ふうに受け取るべきではありません。「与えられる土地」での長命は神の祝福の象徴と理解すべきであり、しかもこの神の祝福は、あくまでも結果であって目的ではないのです。

前述のように、両親を敬うことそのこと自体が自我からの解放を意味しており、神の祝福のうちにあります。第五戒をそのように受け取ってこそ、神の戒めは、自我への関心を利用して既成社会の秩序の保持をもくろむ束縛のための厳命・規則ではなく、恵みの神から自由に与えられる「蜜よりも甘い」（詩編119・103）言葉であることが明らかになるのです。

（同志社大学神学部教授）

第六戒　殺してはならない①

命の尊厳

松本敏之《まつもととしゆき》

なぜ人を殺してはならないか

一〇年以上前になりますが、十七歳の少年による殺人事件が重なり、注目されたことがありました。子どもたちからは「なぜ人を殺してはならないのですか」という質問が出されましたが、それに対して明確な答えはあまりありませんでした。「こんな当たり前のことを聞かれるようになったのは嘆かわしいことだ」というのは何の答えにもなっていません。「誰でも愛される人を殺されると、悲しいだろう」「人を殺すと、自分も壊れる」「それが社会のルールだ。人を殺すことを容認すると、社会が成り立たない」。それぞれになるほどと思うこともありますが、何か説得力に欠けているように思いました。
私は、人間的地平で見ている限り、決定的な答えはないのではないかと思います。ですから一度その社会のルール、決め事となっている前提が壊れると、「なぜ人を殺してはならないか」も途端にあやしくなってしまうのです。私は、そこでこそ「殺してはならない」ということを、神の戒めとして聞くことが重要になってくるのではないかと思います。
「人の血を流す者は
人によって自分の血を流される。
人は神にかたどって造られたからだ」（創世記９・６）
創世記１章27節には「神は御自分にかたどって人を創造された」とあります。これは言い換えれば、すべての人間は何らかの神の神のイメージを宿しているということです。誰かを殺すということは、その人に宿った神のイメージを汚すことであり、人間の手で、そのイメージを抹殺することだと思います。具体的な諸問題については、後で述べますが、根本はそういうことです。私たちは、誰かから、「なぜ人を殺してはならないのですか」と問われたら、信仰者として「それが神さまの命令だから」「その人を創《つく》った神の意志を否定することだから」「その人も神さまに愛されている人だから」という答えをすることができるのではないでしょうか。命は神の領域であること、私たち人間には、それを取り去ることは許されていないのだということ。これが、聖書が私たちに告げる根本的なことであり、私たちは、これを神の戒めとして聞かなければならないのです。

明快なようで、難しい戒め

さて「殺してはならない」という戒めは、短く、明快な言葉です。多くの人は、「自分がどんなに悪い人間であったとしても、人殺しをするほど悪い人間ではない（だからこの戒めは大丈夫）」と思われるのではないでしょうか。しかしこの戒めは、実はそれほど簡単なものではありません。

「殺してはならない」と言いながら、旧約聖書には、実に多くの殺戮《さつりく》が記されています。まず、この矛盾をどう考えればよいのかということがあります。「殺してはならない」という戒めに使われている「殺す」という言葉（ラーツァハ）は、幾つかの「殺す」というヘブル語の中で、あまり使われない言葉、ある特定の殺害行為に限って用いられた言葉であったそうです。それは「個人的な恨みによる恣意的な殺人、あるいは共同体が認めない殺人」、つまり共同体の生活を危険に陥れる「反共同体的な殺害」を禁止しているのだということです。だから「人を打って死なせた者は必ず死刑に処せられる」（出エジプト記21・12）とあるように、共同体を守るための「死刑」や「戦争」は、この「殺してはならない」ということにあてはまらないと考えたわけです。私は、それは当時の事柄として受けとめながら、今も生きた神の言葉としてこの戒めを聞く時には、そう簡単に割り切ることはできませんし、割り切ってはいけないと思います。

隠れた殺人

イエス・キリストは、この戒めを根源にまでさかのぼって考えられました。「あなたがたも聞いているとおり、昔の人は『殺すな。人を殺した者は裁きを受ける』と命じられている。しかし、わたしは言っておく。兄弟に腹を立てる者はだれでも裁きを受ける。兄弟に『ばか』と言う者は、最高法院に引き渡され、『愚か者』と言う者は、火の地獄に投げ込まれる」（マタイ5・21―22）。実際に殺さなくても、その根源に何があるか。根源にあるものを取り除かない限り、この戒めを守ったことにはならないということです。ヨハネの手紙一にも、「兄弟を憎む者は皆、人殺しです」という言葉があります（3・15）。

『ハイデルベルク信仰問答』は問105から107のところで「殺してはならない」という第六戒について解説をしています。（『信仰問答』本文は新教出版社の吉田隆訳より引用）

「問106　しかし、この戒めは、殺すことについてだけ、語っているのではありませんか。

答　神が、殺人の禁止を通して、わたしたちに教えようとしておられるのは、御自身が、ねたみ、憎しみ、怒り、復讐心のような殺人の根を憎んでおられること。またすべてそのようなことは、この方の前では一種の隠れた殺人である、ということです。」

ねたみ、憎しみ、怒り、復讐心。この一つ一つは私たちにも思い当たるものがあるのではないでしょうか。ふと、「あの人さえいなければ、こんなにしんどい思いをしなくて済むのに」と思うことはないでしょうか。それは「一種の隠れた殺人である」と言うのです。

私は、さらにもう一つの「隠れた殺人」というものを考えなければならない、と思います。それは、社会構造的殺人、そして無関心、利己心という殺人です。私たちは今日の世界が大きなネットワークによってつながっており、自分たちの生活が、遠い国の人々の生活と密接に関連しているということを知らなければなりません。私たちの豊かな生活は、往々にしてある人たちの犠牲の上に成り立っています。そこで貧しさのゆえに死ぬ人があれば、豊かな世界の人たちは「隠れた殺人」を犯していると言えるのではないでしょうか。例えばアメリカや日本が豊かな生活を享受するために石油を確保することと中東の戦争は無関係ではありません。利権争いに巻き込まれ、そのような戦争の犠牲になっている多くの人は、現地に住む、貧しい人や弱い人なのです。

具体的な諸問題

さてこの「殺してはならない」という戒めを考えるにあたって、五つほどの具体的な問題に直面させられます。

第一は自死（自殺）です。他人の命だけではなく、自分の命を絶つことも、神さまの前では罪です。私たちは、自分の命の主人ではありません。命の主人は神です。ただそこに追い詰められたどうしようもない状況というものがあるでしょうし、また病気のために自死するということもあるでしょう。罪は罪ですが、それが罪である限り、イエス・キリストによって担われないような罪もないと、私は思います。ですから生きている人に向かっては、「私たちはどんなことがあっても死んではならないのだ」ということを告げると同時に、もしも誰かが自分の死を選んでしまったような場合には、その人を裁くようなことはせずに、恵みの神さまのみ手に委《ゆだ》ねていくような態度が求められるのでしょう。

第二は安楽死の問題です。誰かがとても苦しんでいて、しかも回復の望みがない場合に、その人の死を早めてあげることが許されるかということです。基本的には、命を故意に縮めることは人間には許されていないと思いますが、私が何か結論めいたことを述べることはできませんし、控えるべきでしょう。また自力で生きられないような状態で生命維持装置をはずすことは、安楽死とは区別しなければならないでしょう（尊厳死）。

第三は妊娠中絶の問題。子どもが母親の胎内に宿ったら、それはすでに一つの命でしょう。それを自由に殺してもよいというのは、人間の傲慢《ごうまん》であると思います。しかしこのことも同時に、ただ律法的に母親に「中絶してはいけない」と言うのではなく、妊娠中絶を考えざるをえないような状況、母親を追い込んでいく社会構造の問題を、より深く自分たちの社会の責任として考えていかなければならないでしょう。

第四は死刑の問題。旧約聖書にも死刑は出てきますが、私たちは慎重に考えなければなりません。私は、それは人間の越権行為だと思います。冤罪《えんざい》で死刑判決を受けることもあります（イエス・キリストの場合もそうであったと言えるかもしれません）。死刑が犯罪の抑止になっていないということからしても、死刑は廃止されなければならないと思います。

第五は戦争です。カトリックの倫理学者リチャード・マクソーリーは、アウグスティヌスの「正戦論」というのを紹介しています（誤解のないように言えば、正戦〈Just War〉であって、聖戦〈Holy War〉ではありません）。マクソーリーによれば、アウグスティヌスは、「どういう条件のもとであれば、正しい戦争と言えるのか」について、五つの条件をあげているそうです。一つ目は、きちんと宣戦布告をすること。二つ目は、それが最後の手段であること。三つ目は、「正義の回復」という正しい意図があるということ。四つ目は、無辜《むこ》の民衆の殺傷を禁ずる、非戦闘員を巻き込んではならないということ。五つ目は、つりあいの原則。つまり戦争によって発生する被害と、戦争によって取り戻される善を数値化して、後者のほうが多いということです。なかなか興味深いものですが、私はこの基準にあてはめるならば、マクソーリーと共に、今日ではもはや「正戦」というのはありえないと思います。特に四つ目と五つ目。今日、非戦闘員を巻き込まない戦争はありえませんし、つりあいの面でも、被害のほうがはるかに大きくなってしまうからです。

「殺してはならない」という戒めは、そのようなさまざまな問題に関係しています。それらに対して、単純な結論を出すのは非常に難しいものです。しかしそうした中にあっても、私たちは一つ一つ具体的に対処していかなければなりませんし、あれかこれかの判断が問われることもしばしばあります。そこでいつも根源的に立ち返らなければならないのは、「命は神の領域だ」ということであると思います。そこからすれば、さらに動物たちの命、この地球に宿るすべての命についても、神への畏《おそ》れをもって向き合わなければならないことになるでしょう。

（日本基督教団 鹿児島加治屋町教会牧師）

第六戒　殺してはならない②

自死で逝ったあなたを憶えて――一年後に行われた故人の記念礼拝にて

塩谷直也《しおたになおや》

「真夜中ごろ、パウロとシラスが賛美の歌をうたって神に祈っていると、ほかの囚人たちはこれに聞き入っていた。突然、大地震が起こり、牢の土台が揺れ動いた。たちまち牢の戸がみな開き、すべての囚人の鎖も外れてしまった。目を覚ました看守は、牢の戸が開いているのを見て、囚人たちが逃げてしまったと思い込み、剣を抜いて自殺しようとした。パウロは大声で叫んだ。『自害してはいけない。わたしたちは皆ここにいる。』」（使徒16・

25―28）

この一年、右に左に揺れました。自死は許されるのか、それとも許されないのか。自死は神が受け止めるのか、受け止められないのか。確かにAさんの自死は「心の病」の結果だったのだ、と納得した時もありました。しかしその納得が、私にとって死も選択肢の一つなのだ、との思いを呼び起こします……。時に応じて、極端な理解をしている私でした。今、あの日からしばらくの時を経て、バランスの取れた見方が求められるでしょう。『あなたをひとりで逝かせたくなかった』（アルバート・Y・ヒュー著、佐藤知津子訳、いのちのことば社）に引用されている心理学者J・ホワイトの言葉を紹介します。

「自殺は悲劇的なだけでなく、罪深いものだと認めよう。命は神からのかけがえのない贈り物であり、生と死の著作物は〝その偉大なる著者〟に属するものだということを受け入れよう。だが、われわれは、自《みずか》ら命を絶った人々を、イエスがすべての罪人をご覧になったのと同じ思いやりの目で見ようではないか。確かに、もし思いやりが求められているとすれば、自殺の犠牲者ほど、思いやりを必要としている罪人はいないだろう」

自殺は罪。しかし、当然ですがその罪のためにも死んだイエスがいる。加えて「高い所にいるものも、低い所にいるものも、他のどんな被造物も、わたしたちの主キリスト・イエスによって示された神の愛から、わたしたちを引き離すことはできないのです」（ローマ8・39）。

どんな被造物も、どんなこの世の出来事も、絶望も自死も、イエスの愛からAさんを引き離すことはできないのです。もしも自死が罪ならば、その罪のためにイエスは死んだ。イエスの十字架が贖《あがな》うことができないような罪などない。主イエスは、私たち以上の深い思いやりで、Aさんをごらんになる。それで十分。それ以上の判断は私たちにはできない。

Aさんが天国へいけるのかどうか、研究、討論することが遺された私たちのつとめではない。Aさんを主の深い愛に委《ゆだ》ね、今後自死の恐れのある人々を、そして自死によって悲しみの底にいる人々をサポートするのが私たちのつとめなのです。

Aさんが抱えていた多くの問題を、この一年、残された手紙を読み返し、思い返しました。本当に重荷を負った、辛《つら》い人生であったと思います。このAさん自身の問題は、自死によって終わりました。しかし、あの日以来、今度は私たちの問題が始まりました。

私たちは正直に認めたい。私たちはこのことで深く傷つけられた。裏切られた。大きな、大きな怒りを抱えていると。「Aさん、なんで死んだんです！」この怒りを直接ぶつけたくとも、もうあの人はこの世に存在しない……。

必要なのは、「許す」こと。

今私は、心の中にいるAさんに語りかけています。

「Aさん、許します。あなたはひたすら自分の苦しみを終わらせたかったのでしょうか。その辛さをわからずにごめんなさい。あなたと神に許しを請《こ》います。でもあなたが苦しみを終わらせることで、周りがどれほどの衝撃を受けたか、それはあなたには、わからなかったのでしょう？　Aさん、本当に辛い一年でした。これほどの問題を私たちに残していったあなた……。でも、そのあなたを十字架の主の恵みの中で許します」

許すことを通して、私たちはAさんを解放します。そして私たちも、Aさんから解放されるのです。

身近に自死が起こり、その衝撃に包まれると、ひょっとしたら自分もそうなるのではないか、人生の問題をそのように解決してもいいのではないか、との思いに引き寄せられ、不安になります。多くの人々が、自分も自死を選ぶのではないかとの妄想に取りつかれます。しかし、現実は必ずしもそうとは言えないようです。先ほどの『あなたをひとりで逝かせたくなかった』に、載せられているエピソードです。

「アン-グレースは自死願望と闘い、二度ほど深刻な自死未遂をした。そんなとき、彼女の母親が自ら命を絶った。母親の自死の余波を経験したアン-グレースは、こう述べている——。

私が生きているのは、母が死んだおかげです。母が、病気なんか気にしないで生きなきゃだめだと教えてくれたんです。自殺しても何もいいことなんかないって……。私は母みたいに、自分の人生を自分で終わらせたりできないし、したくない……〔母は〕私の人生において、もっとも価値ある教訓をくれました。どんなつらい苦しみでも、自殺以外の答えがないほどひどくはないんだって。唯一の逃げ道がまやかしの逃げ道でしかないほどつらいことなんて、絶対にないんです」

著者のヒューも言います。「自死は、かえって生きることに対する私たちの傾倒と決意を強めてくれる。自死の誘惑に心が動くとき、私たちは自分に言い聞かせなければならない——私には自死という選択はない、と」。

冒頭の聖書の言葉、使徒言行録16章25から28節に聴きましょう。パウロは叫びます。「自害してはいけない！」これは、私たちの合言葉です。なぜ死んではいけないか、考えれば考えるほど、今の私たちは深みにはまり理由がわからない。堂々巡りで厳密な根拠も語れないで、立ち尽くしている。しかし、身近な人を自死で失った人には、理屈抜きでわかる。やってはいけない！

あなた！

自害してはいけない！

私たちは皆ここにいる！

何かこの一年、見えないものが見えるようになった気もします。Aさんの死を通して、見えてきたものがあった。周囲の人の隠された痛手が見えるようになったと言いましょうか。

「ああ、あなたも自殺で友を亡くしたんですか。私もそうですよ」との気安い共感が生まれたのではない。「あなたはマレーシアに住んでいらしたんですか、私もそうですよ」などの共有レベルとも、当然、まったく違う感触と言いましょうか。

周囲の人の痛手が、肌感覚で伝わるようになったと言いますか。自殺のニュースを聞く、自殺の事実を打ち明けられる。その時、肌がびりびりとひきつるような、魂の底が打ち抜かれるような、鈍いが激しい痛みを共有してしまうようになりました。そして何よりも相手の、自殺によって遺されたご家族の言葉を正面から聞こうとする力を、強制的に与えられました。

私たちは心の中に住むAさんに語りかけます。

「Aさん。あのね、あのことで痛手を受けました。あの出来事の前と後では、人生が変わってしまいました。でも、私たちはあなたを許します。あなたも私たちを主にあって許してください。私たちはあなたを解放します。だから、あなたも私たちを解放してください。またAさんを通して、苦しみの中にいる人たちの痛手を知ることができました。聞くことの重さ、命の重さを教えてくださった。ありがとう。でもね、Aさん。私たちに自死という選択はありません。生きます。『自害してはならない！』このパウロの叱責を聞き続けて歩みます」と。

以上を、私たちはＡさんを深い思いやりの中で受け止めてくださる十字架の主の前で確認いたしましょう。イエスさまの十字架がＡさんの罪と、私たちの罪を許してくださることを信じ、主の御名を賛美しましょう。

最後に主への感謝をささげましょう。

「あなたの律法を楽しみとしていなければ　この苦しみにわたしは滅びていたことでしょう。わたしはあなたの命令をとこしえに忘れません　それによって命を得させてくださったのですから」（詩編119・92―93）

この一年を歩き続けられたのは、み言葉があったからです。本当にありがとうございます。

〔祈祷〕天の父なる神さま。Ａを天に送り、一年が過ぎました。Ａがどこにいってしまったのか、私たち誰一人知りません。また、Aとあなたとの間にどんな話し合いがあったのか、それを探ることが私たちのなすべきことでもありません。ただ私たちの罪を許してください。私たちもAの罪を許しますから。

この一年、地上に残された一人ひとりの道のりを確かに守り導いてくださったことに感謝します。とくにAの笑顔、面影を思い出し、悲しみと同時に混乱してしまうとき、涙と震えが止まらなくなったとき、あなたが見えざる手で包んでくれていたことを振り返ります。主よ。本日の記念の礼拝を通し、現実をありのままに受け入れる勇気をお与えください。そしてこの現実を通して、私たちがどこに歩みを進めるべきなのか、心に語りかけてください。お願いします。助けてください。

遺族のうえに慰めと再生の道すじをお示しください。本日の一つ一つの営みを通し、主のご栄光を現すことができますように。

主イエス・キリストのお名前によって祈ります。

（青山学院大学宗教部長、法学部教授）

第七戒　姦淫してはならない

わたしたちの交わりが神によって祝福されている

笹森《ささもり》田鶴《たづ》

交わりの回復

十戒の掟には、その全体を貫く大切な柱があります。それは「交わりの回復」です。

神は、「出エジプト」というすでに与えられた恵みの出来事を前提として伝え、その救いの意思を込めたビジョンへの応答としてこの掟を守るようにと、十戒を提示されました。

神と人、そして人と人との間で歪んでしまった関係を、十戒を授けた具体的なイスラエルの人びととの間でもう一度回復しようとされたのです。

十戒の前半は特に「神と人との交わり」において、後半は特に「人と人との交わり」においいて、神のみ心に適うように過ごすために与えられた掟です。この第七の掟も「人と人との交わりの回復」のために定められたものです。

「人と人との交わり」とは、互いの尊重のうえで結ばれる関係であり、完全に対等なものです。それは神ご自身が与えてくださった関係に他ならず、人間社会における制度や枠組みを遥かに超えています。「姦淫してはならない」とは、神が結び合わせてくださった関係を壊さず、誠実に保つための掟なのです。

第七戒の時代背景

この掟が与えられた時代の背景を振り返ってみましょう。

十戒の後半に並んでいる「人と人との交わり」に関する掟は、命や家など、神から与えられた「財産」に対する他者の介入・侵害を禁じるものだと言うことができます。この中には当然「婚姻関係」も含まれます。隣人の家庭の「交わり」を侵害することを禁じているのです。もちろん、夫が妻を、妻が夫を裏切るという行為も「交わり」の破壊になります。このように第七戒は確かに、神から与えられた「交わり」の破壊を戒めるために与えられた掟でした。

しかし、この戒めを受ける人間社会には様々な限界があります。その中で、神が本来意図していたことが見失われる、ということが起こってしまうのです。

まず、当時のイスラエル社会において男性と女性は全く平等な立場ではありませんでした。女性は、成人男性から見ると高等財産のひとつとして「所有」される存在でした。この前提のもとで考えると、この掟には次のような側面が浮かびあがります。

自分の「所有」している女性が、自分の婚姻関係以外で他の男性と関係を持つことは、神から与えられた「所有」への侵害となります。そして婚姻関係の間にではない子どもが生まれれば、本来継承しなければならない子孫以外の人物に自分の「財産」が継承されるという懸念が生じます。

つまりこの掟は、神から与えられた恵みである「財産」を正しく継承できない事象に、歯止めを掛けたものであるとも理解できます。しかしこのような背景の中で、この戒めが成人男性同士、つまり社会的には強者同士の関係を維持保全するために機能している限り、この掟の意義は男性の所有を守ることにとどまってしまいます。

男性から見れば「財産」としての存在であって、不平等な扱いを受けていた女性たちには、自分の体や心についての主体性はありませんでした。それでも婚姻関係の中にある女性は、弱い立場であってもこの掟によって守られていたと考えられます。けれども、さらにここで目を留めたいのはその外にいる人たちのことです。婚姻という制度から抜け落ちた人、あるいは「罪人《つみびと》」とレッテルを貼られた人は共同体から追いやられ、そもそも「交わり」から疎外されてしまっているのです。

キリストの視点

さて、それでは主イエスはこの戒めについてどのように教えておられるでしょうか。福音書のみ言葉に聞いていきましょう。

マタイ福音書において、主イエスは「姦淫」について婚姻関係を破る行為を指すのにとどまらず、このようにおっしゃっています。「みだらな思いで他人の妻を見る者はだれでも、既に心の中でその女を犯したのである」（マタイ5・28）、「不法な結婚でもないのに妻を離縁する者はだれでも、その女に姦通の罪を犯させることになる。離縁された女を妻にする者も、姦通の罪を犯すことになる」（32節）。ここで主イエスは律法の完成者として、当時の力関係の中で強者の立場にあった男性に向けて語っています。男性視点が中心にあった律法理解、およびそこから生じる社会秩序の中に、女性の視点を与えられたのです。

さらに主イエスの言葉を見ていきましょう。ヨハネ福音書8章に、このようなお話があります。ひとりの女性がこの「姦淫してはならない」の掟を破ったとして、石打ちにするために人びとの前に引き出されます。この女をどうするかと問う人たちに、主イエスは、「あなたたちの中で罪を犯したことのない者が、まず、この女に石を投げなさい」（7節）と答えます。その言葉に、一人また一人と立ち去っていき、最後に女性と主イエスだけが残されます。その女性に、主イエスはこう語りかけます。「わたしもあなたを罪に定めない。行きなさい。これからは、もう罪を犯してはならない」（11節）。

この最後の呼びかけに、十戒の柱である「交わりの回復」が表れていると言えるのではないでしょうか。第七戒を犯したことにより「人と人との交わり」から断たれた女性を、主イエスは赦し、「行きなさい」と再びこの交わりの中に招き入れるのです。

「招き入れる」ことは、主イエスの言葉と行いにおいて常に中心的なことがらでした。

主イエスは制度に入れないでいる人、秩序からはじかれている人、つまり社会の周縁に追いやられている人に神の愛を実践された方でした。徴税人や犯罪人と呼ばれている人びとを大勢招いて食事をともにされました（マタイ9・10）。そういう周縁には女性たちもいました。そして婚姻制度には入っていなかった女性もたくさんいたことが聖書には記されています。主イエスはそういう苦しみの中にある女性たちを、もう一度「人と人との交わり」へと招き入れようとされた方でした。

たとえば、長年の出血に苦しみ、病によって共同体から隔離された生活を余儀なくされていた女性のお話があります。主イエスはこの女性をいやし、「安心して行きなさい。……元気に暮らしなさい」ともう一度交わりの中へ送り出されます（マルコ5・25―34）。

このように主イエスは「人と人との交わり」に対して、新しく、そして十戒の原点に立ち返った視点をお与えになりました。わたしたちもこの主イエスと同じ視点をもって、一方的な社会評価の中で貶《おとし》められ、そこから抜け出すことのできない人びとの苦しい状況、周縁にいる人たち、共同体からはじき出されている人たちが、神との関係、人と人の関係を回復することと結びつけて、「姦淫してはならない」という掟の意味を思い巡らしていかなければならないのではないでしょうか。

さばき、切り捨てるためではなく

それでは、教会はこの第七戒についてどのように理解してきたのでしょうか。

主イエスが再提示してくださった視点を通して、先に記したような律法が与えられた当時の時代背景における、成人男性同士の関係を維持するための掟という側面はすでに過去のものとなりました。婚姻関係とは互いに平等な者同士の間で構築される関係であり、それを破壊する行為を抑制する、つまり相手を尊重し思いやるための戒めであるという理解にたどり着くことができました。しかし、そこから進んで、この掟についてさらに理解を深めていくことが現代のキリスト者には求められています。

大変悲しむべきことですが、わたしの牧会経験の中でしばしば「姦淫してはならない」の掟が、これを破ってしまった（と見なされている）人を一刀両断にさばき、切り捨てるために用いられていることを感じます。

しかし、先にあげた主イエスの「みだらな思いで他人の妻を見る者はだれでも、すでに心の中でその女を犯したのである」という言葉や、姦通の罪で捕らえられた女性に対する言動を見るとき、自分は罪を犯していないという思いを持ち続けることができるでしょうか。十戒は、あるルールがあってそこからはみだした者は苦しみなさい、と告げるようなものではありません。この戒めを与えたのは、わたしたちを解放し祝福し、招き入れてくださる神なのです。

この掟がしばしば「さばく」ために用いられてしまう背景には、これまで教会が性や性愛、さらに肉体といった主題自体を積極的・肯定的に受け止めてこなかったこともあるのではないかと思います。長い間教会では、人間の心と体を分離し、心はすばらしいものだけれど、体は「罪の基《もとい》」だと考えてきました。

しかし神が造ってくださったものを分離させ、ここはすばらしいけれど、こちらは悪と捉えてしまってもよいのでしょうか。神がお造りになったもの全体とその多様性を、もっと喜び慈しみ、そして楽しむ生き方がわたしたちには与えられているはずです。人を愛するということにおいても、心と体の自分の全存在で愛することはすばらしい出来事です。本来、人間が性をもった存在であり、その性において他者と交わるということ自体が豊かな神からの恵みであり、神から与えられた祝福そのものなのです。

また、ジェンダーに関する常識が目まぐるしく変化し続けている現代にあっては、結婚という制度についても考えを深めなければならないでしょう。制度に基づく婚姻関係のみが「正しい関係」と見なされるとき、そこから外れた関係を「さばく」ことが、この掟の理解において起こってしまうように感じます。それはまさに、制度に入っていない、入れない他の誰かを自分たちの共同体から周縁に追いやってしまうことなのです。

神に愛されている存在として

なぜ「姦淫してはならない」のでしょうか。

それは、わたしもあなたも神に愛されている神の子であり、その体も心も神から与えられた、尊い大切なものだからです。

第七戒の意義は、現代においてますます重要になっています。たとえば「ドメスティック・バイオレンス（ＤＶ）」の深刻な被害が広く知られるようになりました。たとえ婚姻関係にあっても、相手を尊重せず傷つけるような行為は「姦淫」だと言えるのではないでしょうか。さらに広く言えば、人が人を支配し利用することや、人がモノとして扱われている状況に向けて、神が「姦淫してはならない」と語っているように思えます。

神は「出エジプト」という抑圧からの解放の出来事を通して、奪われた「交わり」が再び取り戻されるために十戒を与えてくださいました。体をもった人間そのものは、一人ひとり神の愛を一身に受けてこの世に造られた命であり、神に愛される存在であることを表現している掟なのです。その意図を前提とするならば、強者が弱者の、マジョリティがマイノリティの経験や思いを無視した状態で、この掟が理解されてはならないことが見えてきます。

現代のわたしたちにとって、この第七戒は人間理解の成熟度に沿って解釈しつづけなければならない、神さまからの大切な宿題のような戒めであると思います。

（日本聖公会　東京聖三一教会・小笠原聖ジョージ教会管理牧師・司祭）

第八戒　盗んではならない

物を盗まなければそれでいいのか?

西之園路子《にしのそのみちこ》

「盗んではならない」

テレビのニュース等で窃盗の話を耳にしても、「盗みという罪は自分とは縁遠いもの」と実は心の中で思っている人は少なくないのではないでしょうか。

私たちは、クリスチャンがそんなことをするはずはないとの幻想を抱きます。戦後、貧しく生きるか死ぬかの瀬戸際で物を盗んだというのはまだ理解できるが今はそういう時代でもない、「盗んではならない」という戒めは自分にとってもはや切実な問題ではないと考えるのです。

しかし本当にそうなのでしょうか。

（この原稿を記した二〇〇六年から一〇年以上が経過し、日本でも貧困家庭があることが話題に上がるようになり、更にコロナウイルス感染対策による自粛生活が続く中、多くの人々が経済的な困難を覚えるようになりました。貧しさ故に盗みに走ってしまうという誘惑も決してどこか遠い世界の出来事ではないことを感じています。また世界に目を向ければ、誘拐《ゆうかい》や人身売買が現在も横行し、人々の、特に子どもたちや女性たちの人生を盗むようなことが続いており、世界の諸教会はそのような問題にも取り組んでいます。）

私たちはいつも「盗む」という誘惑にさらされています。信仰者として生きていても、「盗む」という罪を犯すことがあるのです。そもそも「盗む」とはいったいどういうことなのでしょう。聖書の光に照らされながら、改めてそのことを考えていきたいと思います。

旧約聖書における「盗み」

十戒は出エジプト記20章ならびに申命記5章に記されています。いずれにおいても第八戒はとても簡単に、「盗んではならない」と一文で記されます。

第八戒で「盗む」と訳された言葉は、旧約聖書のほかの個所では「欺《あざむ》く」、あるいは「誘拐する」等の意味でも用いられています。

レビ記19章11節に、「あなたたちは盗んではならない。うそをついてはならない。互いに欺いてはならない」とあります（以下、傍点部分が、第八戒に使用されている「盗む」と同じ言葉）。うそや欺きは、盗みと深く結びつき、これをまったく別のこととして分けて考えることはできません。さらに、創世記31章20節、ならびに26―27節では、「欺く」、「だます」という意味で「盗む」という単語が用いられ、新共同訳聖書もそのように訳しています。

「ヤコブもアラム人ラバンを欺いて、自分が逃げ去ることを悟られないようにした」（20節）

「ラバンはヤコブに言った。『一体何ということをしたのか。わたしを欺き……なぜ、

こっそり逃げ出したりして、わたしをだましたのか』」(26―27節)

ダビデに反逆を企てていたアブサロムが、人々の歓心を得ようと画策するサムエル記下15章6節で、「アブサロムは……イスラエルの人々の心を盗み取った」と表現されるところや、ヨブ記21章18節の「突風に吹き飛ばされた」という使われ方も興味深く思います。

もう一つ注目したい用例が出エジプト記21章16節にあります。ここでは「人を誘拐する者は、彼を売った場合も、自分の手もとに置いていた場合も、必ず死刑に処せられる」と教えられています。申命記24章7節でも「誘拐」という意味で、この言葉が使用されています。

盗みとは欺き奪うこと

これらの旧約聖書の用法から、「盗む」という行為について、見えてくることがあります。すなわち、「盗む」とは、

誰かを欺き、だます

他者の財産(家畜、銀、物品等)を奪う

他者の自由を奪う（誘拐）
ことです。

律法によれば、盗みを働いた者は、それが家畜であれ、銀や物品であれ二倍にして返さなければなりませんでした。ただし、盗んだ家畜を屠《ほふ》るか、売るかしたならば、牛一頭に対し五頭、羊一匹に対し四匹を償うこととされていました（出エジプト記21・37―22・14）。そして、人を盗み出す者、すなわち誘拐をした者に対しては、死刑という厳しい裁きが待っています。申命記24章7節では次のように語られています。

「同胞であるイスラエルの人々の一人を誘拐して、これを奴隷のように扱うか、人に売るのを見つけたならば、誘拐したその者を殺し、あなたの中から悪を取り除かねばならない」

「死刑」という問題について、私たちはキリストの光のもとで考える必要があり、安易に罪人の命を奪えばいいとは考えられませんが、「誘拐」という盗みがそれほど重い罪として受けとめられていたことを心に留《とど》める必要があるでしょう。

貪欲と浪費も盗みに等しい

『ハイデルベルク信仰問答』は、問110の答えで、窃盗や強盗のみならず、「不正な、目方、物差、枡《ます》、品物、貨幣、利息、その他、神に禁ぜられている方法によって、暴力によるにせよ、権利を装うにせよ、隣人のものを、自分のものにしようとする、一切の悪いこと、企て」、さらには、「貪欲《どんよく》」、「浪費」を盗みと呼んでいます。

さらに問111の答えで、第八戒において「わたしの隣人のために、益を計り、彼に対して、自分が他人にしてほしいように尽し、真実に努力して、困って助けを求めている人々を、助けることができるようになること」を神は命じておられるのだと語ります。（『信仰問答』本文は新教出版社の竹森満佐一訳より引用）

旧約聖書の背景となっているのは、牧畜や農業を主とした生活です。それに対し、ハイデルベルク信仰問答は、おそらく近代的な商業社会が形成されていたドイツの社会を背景としていると思われます。

商業の世界に生きていれば当然、利益を得ることを求めます。儲けること自体を禁止しているわけではありませんが、一見正当な手段を取っているように見えても不正な利益を得ることがある、それもまた盗みに等しいのだと信仰問答は考えます。人間の貪欲な思いがそこに潜んでいます。

さらに信仰問答は、不必要な浪費も盗みだと指摘します。ただ盗まなければいいというだけではありません。神さまから自分に与えられた財産は、自分のためでなく、隣人のために用いるべきなのだ、それができなければ、「盗んではならない」という戒めに従っているとは言えない、そう考えているのです。この問111の考え方の根拠となっているのは、エフェソの信徒への手紙4章のみ言葉です。

「盗みを働いていた者は、今からは盗んではいけません。むしろ、労苦して自分の手で正当な収入を得、困っている人々に分け与えるようにしなさい」(28節)

ザアカイの回心

新約聖書のルカによる福音書19章に記された徴税人ザアカイの話をご存じの方は多いと思います。彼は金持ちでした。彼は不正に、人々を欺いて財を蓄えました。蓄えた財を誰かのために使おうとしたことはありませんでした。彼は孤独でした。

私たちには神さまから与えられた多くの恵みがあります。財産もまた神の賜物であり、他の恵みと同様、それは自分ひとりで独占するために与えられたのではありません。ただ自分を喜ばせるためだけに財を蓄え、そのことでザアカイのように大金持ちになったとしても、私たちの心も存在もむなしいだけです。

しかしザアカイは主イエスと出会います。主は罪人であったザアカイに目をとめられ、声をかけられました。主は彼と共に食卓を囲み、ザアカイは神との交わり、また隣人との交わりを取り戻します。

彼は変わりました。彼は主イエスに向かって「わたしは財産の半分を貧しい人々に施します」と宣言し、不正に取り立てたものは四倍にして返すことを約束しました（先に指摘したとおり、本来律法では盗んだ金銭は二倍にして返します）。もはや彼は自分のためだけに財を蓄えることを喜びとはしません。恵みを分かち合うことのうちに真の喜びを見いだしたのです。

「盗んではならない」――この戒めに従って生きるキリスト者の歩みを、回心したザアカイの生き様が私たちに示してくれています。

私たちはもはや、「自分は窃盗罪に問われたこともなく、盗んだことなど一度もない」などと言うことはできません。主の恵みに触れ、生まれ変わり、他者と共に恵みを分かち合って生きる、そのことなしに、私たちはこの第八戒に従って生きていくことはできないのです。

私たちもザアカイと同じく、打ち砕かれ、悔い改めた思いでこの戒めのもとに立ちたいと思います。

（日本基督教団 野田教会牧師）

第九戒　隣人に関して偽証してはならない

神と人との名誉と誠実さを考える

若月健悟《わかつきけんご》

戒めに先行する「恵み」

十戒は、先行する神の恵みに対するわたしたちの信仰と生活との規範であると理解されます。このことは、十戒の構成からも理解できます。十戒は石の板二枚に分けて神の指で記されました（出エジプト記31・18）。

十戒が二つの石に分けて記されたことは、十戒の前半の四戒が神への義務を表し、後半の六戒が隣人への義務を表すことを意味します。この順番は変えられません。第一が神への義務であり、第二が隣人への義務であるという順番に、十戒の大切さがあります。

この順番は、イエスさまの愛の戒めにおいていっそう明らかにされています。

「神を愛し、隣人を愛しなさい」という愛の戒め（マルコ12・29―31、マタイ、ルカの平行個所）は、神を神として真実に愛しとおし、隣人を隣人として誠実に愛しとおすことを意味します。これは、愛することを義務づけられているということではありません。イエスさまのみ言葉と行い、その先にある十字架の死と復活に支えられてはじめて、愛することを喜びとして励むように押し出されるのです。

愛が規範となるのは、愛を具体的に支える根拠が明らかとなっているときです。イエスさまの愛の戒めは、イエスさまの十字架の死と復活という大いなる恵みが先行していることによります。

十戒が、神への義務、隣人への義務という順序を保ちながら、規範として成り立つのは、神の恵みがすべてに先行しているからです。このことは、十戒の前文ともいうべきみ言葉により明らかにされています。

「わたしは主、あなたの神、あなたをエジプトの国、奴隷の家から導き出した神である」。神が導き出してくださったという体験が、すべてに先行しているときに、規範は成り立ちます。規範に内実を与えるのは、先行する神の恵みのみです。

失われる隣人の利益

十戒の第九戒「隣人に関して偽証してはならない」は、先行する神の恵みに、人は信仰と生活をとおして、どのようにお答えしたらよいのか、ということを明らかにしています。第九戒で用いられている偽証は、うそをついたり、偽ることを意味しません。偽証の本来の意味は、具体的に裁判所で偽証人になることです（『新聖書大辞典』キリスト新聞社、左近淑「十誡」解説）。

偽証は隣人の不利益になることです。裁判所で証言する人は、神のみ前で宣誓し、隣人の利益を守るために真実をもって証言することが義務づけられます。神との約束を誠実にはたすことが、法廷という公の場で証人がなすべき義務であり責任です。それを破るとき、偽証は隣人の不利益となり、場合によっては命にかかわることにもなります。

偽証を表すヘブライ語「エード・シェケル」には、偽り、まぎらわしいこと、迷妄の意味があり（関田寛雄著『十戒・主の祈り』日本キリスト教団出版局）、本来、人が立つべき場所とかあるべき姿を失っていることを示します。偽証の恐ろしさは、公の自分の偽りをおい隠すために、自己絶対化におちいり、ついには、自《みず》らを神ならぬ神にしてしまうことにあります。自分を偶像としてしまうのです。真実が隣人の利益となるのに反して、偽証は隣人の不利益となるばかりか、神への離反を生み出すことになるのです。

偽証について考えるとき、具体的な裁判の場で、どのようにしたら隣人に対して偽証をしないですむのか、この問いにたいへん興味ある答えを出しているのが、宗教改革者マルティン・ルターです。ルターは『大教理問答書』（福山四郎訳、聖文舎）において、このように書いています。

「たとい隣人が罪を犯すのを見たとしても、もしこれをさばき罰する命を受けているのでなければ、だれにもその隣人をば公然と判決し、罰する権限はないということである。罪をさばくことと、罪を知ることの間には、全く大きな相違がある。罪を知ることはかまわない。けれども、罪を裁くのはいけない」。また、「正当に証明できない事がらは、すべて偽りのあかしである」とも書いています。

名誉の回復

ルターは、この問答書で、隣人の名誉について触れています。裁判官になりかわって隣人を裁く権限を有すると思い込む誘惑は、避けがたいものがありますが、何よりも偽証によって隣人の名誉を傷つけてしまった場合、その回復は容易なものではないからです。

聖書のなかで名誉という言葉は、とても大切に用いられています。名誉は、一般的には、体面とか面目という意味で用いることが多いのですが、聖書では、具体的な地域社会のかかわりの中で生きる権利を意味します。

名誉を失うことは、その地域社会とのかかわりを失い、そこから排除されることを示します。地縁・血縁を重んじる民族にとって名誉を失うことは、生きる基盤を失うことであり、生活の場を失うことを意味しました。従って、名誉を失うことは命を失うことと同じであったのです。名誉を回復するために、家族も親族もたいへんな義務を負わなければなりませんでした。

このようなことから、名誉を失った人が名誉を回復するために、神に命がけで祈っている言葉が心に残ります。

「主よ、立ち帰り　わたしの魂を助け出してください。あなたの慈しみにふさわしくわたしを救ってください。死の国へ行けば、だれもあなたの名を唱えず　陰府に入ればだれもあなたに感謝をささげません」

これは詩編6編5―6節のみ言葉です。詩人の神への迫りは、わたしの名誉の回復こそ、わたしの救いであるとの告白とともに、実に神への激しい告発ともなっています。「わたしが死んでしまったなら、いったい、だれがあなたに信頼を寄せ、み名を賛美するのでしょうか。わたしの救い、名誉の回復こそ、神よ、あなたの名誉の回復なのです」と詩人は訴えます。これほどに、名誉は人の命と深く結びついているのです。

列王記上21章に「ナボトのぶどう畑」という物語があります。

イズレエルの人ナボトは、サマリアの王アハブの宮殿のそばにぶどう畑を持っていました。アハブはこの畑を譲り受けようとしましたが、ナボトは、先祖伝来の嗣業《しぎょう》の土地（神から分与された賜物の意味）を譲るわけにはいかないと断固として拒絶します。アハブは妻イゼベルの計略により、ナボトを法廷の場に引き出し、「ナボトが神と王を呪った」と二人の者に証言させ、ついにはナボトを合法的に石打ちの刑に処してしまい、ぶどう畑を手に入れるのです。

神はこの事件を見過ごされませんでした。アハブと妻イゼベルは神の裁きを受け、非業の死を遂げます。この物語は、偽証とその裁きを明らかにしています。と同時に、ナボトは戒めに従って嗣業の土地を死守する正しい人であったことを神ご自身から証しされ、神と人との名誉が回復されたことを物語ります。

誠実に生きる

ナボトの名誉は確かに、回復されました。ナボトは生き返ったわけではありませんが、その土地は、ナボトの家族か親族に、嗣業の土地として返還されたことでしょう。神の愛と真実に信頼を寄せたナボトの信仰は、生活をとおして、神の戒めに生きることの意味をわたしたちに伝えています。

戒めは、心地よいものではないように思われますが、偽証によって失われる隣人の命の重さを考えるとき、わたしたちの信仰と生活の規範であることの意味は大きいのではないでしょうか。

不正と欺瞞《ぎまん》と偽証のはびこる時代の中で、ナボトのように誠実に生きることはむずかしいことですが、イエスさまを主キリストと仰ぎ、イエスさまの愛の戒めを規範として歩みとおしたいものです。それが、罪をゆるされたわたしたちの誠実な営みであると思います。

（日本基督教団 守谷伝道所牧師）

第十戒　隣人の家を欲してはならない

ポスト・フクシマとコロナの時代に

川上直哉《かわかみなおや》

「むさぼり」とは何か

「隣人の家を欲してはならない」、口語訳では「むさぼってはならない」という戒めで、十戒は閉じられます。「むさぼり」という罪。それは一体どんなものでしょう。

聖書の中に「むさぼり」の罪とその結末を探すなら、詩編51編が思い出されます。「ダビデがバト・シェバと通じたので預言者ナタンがダビデのもとに来たとき」の詩です。

神よ、わたしを憐れんでください
　御慈しみをもって。
深い御憐れみをもって
　背きの罪をぬぐってください。
わたしの咎《とが》をことごとく洗い
罪から清めてください。
（3―4節）

この詩の背景には物語があります。
主人公は、ダビデという「伝説の英雄」です。ダビデは大変な苦労をして、王になります。その苦難の道のりには、いつも共に歩んでくれた仲間がいました。その多くは外国人であったり傭兵《ようへい》であったりしました。その一人がウリヤです（サムエル記下23・39）。言葉も文化も違う中で生きる苦労をしながら、わざわざ逆風の中を進むダビデと苦楽を共にする。そんなウリヤたちの友情はついに実を結び、ダビデは大逆転の末に王座に着きます。

しかし、まだまだ試練は続く。強大な外敵が断続的に攻め込んでくる。その緊張の中で、もはやダビデは現場には出ません。玉座に座って指示を出す。そしてウリヤたちは相変わらず、命を懸けて戦場に出て行く。

そんなある日、ダビデは美しい女性に目をとめます（11・2）。名をバト・シェバというその女性は、ウリヤの妻でした。戦場で命を削る部下の留守をよいことに、「誰も知らない小さなこと」と、思ったのでしょう。ダビデはバト・シェバと一晩を共にします。「誰も知らない小さなこと」であったはずです。しかし、バト・シェバは妊娠した。そこから話は暗転する。窮余《きゅうよ》の努力はみな裏目となり、そして、ダビデはすべてを闇に葬ることにします。戦場でウリヤが華々しく討ち死にをするように、司令官に密命を出す。そしてその後、「ウリヤの忠勤に報いる」ために（当時、夫に先立たれた女性の社会的地位は、極端に弱くなるものですから）「寡婦」となったバト・シェバをダビデが「王の妻」として迎え入れる。こうして人々からは「善《よ》い王」との評判を得、そして生まれる赤ちゃんはダビデの子となる。

このダビデの謀略は、完全に、成功しました。しかし、それはもろく崩れていきます。

神の人・預言者ナタンがダビデの前に現れて、深く厳しく、その悪行を告発する。
以上が、この詩編の背景となる物語です。

「むさぼり」の実例が、この物語のダビデによって明示されています。

それは、ほんの小さなことから始まります。「欲しい」という思いは、誰にも見えないもの、自分でも気づかないかもしれない、実に小さなものです。

そして、その欲求を満たしても、何か問題が起こるとも思えない。実は、それは深く誰かを傷つけ追い詰めているかもしれませんが、その問題が自分の足元まで来てみなければ、「なかったように」済ますことができる。そして、「もっと、もっと」と、欲求が強くなる。

さらに、自分の欲求が問題を引き起こしても、まだ、逃げ切れるような気がする。逃げ切ろうと努力が続く。そして、恐るべき事柄に立ち至る。その報いは、自分のところへと恐るべき勢いで戻ってくる。聖書の物語は「むさぼり」の恐ろしさを語ります。そして詩編51編は、その追い詰められた窮地からの回復を願う祈りの歌なのです。

コロナの時代に

「二〇二〇年から見てみれば」というお話があるそうです。YouTubeにある小さなドラマに出てきます（https://www.youtube.com/watch?v=Ip7JuLsJH9Q）。今、全世界で私たちが向き合っているパンデミックを経て、この世界はどう変わるだろうか、ということを語るドラマです。今から十年ほどたった後、寝室で父親が幼い息子に、「二〇二〇年より前にあった世界」を寝物語として語って聞かせる。その中で、こんなセリフが出てきます。「みんな、世界中を飛び回って取引をしていた。そういう取引はびっくりするくらい膨れ上がっちゃったんだ。みんな、いつも何か欲しいと思うようになって、そして、クリック一つで、その日のうちに、何でも欲しいものが手に入るようになってね。気が付いたら、家族と話す暇もなくなっていた」。

今、パンデミックによって社会が激しく動揺しています。イタリアでパンデミックを見つめる作家のパオロ・ジョルダーノは、この動揺の原因は「僕たちの文明が、スピードを落とすことだけは絶対に許されないようにできているためだ」と記しました（『コロナの時代の僕ら』飯田亮介訳、早川書房）。「もっと、もっと」という欲求は、私たちをとんでもないところまで連れてきてしまった。今、私たちは茫然《ぼうぜん》としている自分たちを見ているのだと思います。

原子力と「むさぼり」

でも、どうでしょう。福島第一原子力発電所の爆発事故の後、「ポスト・フクシマ」という時代を生きていたはずの私たちは、すでに二〇一一年以来、「むさぼるな」という神さまの戒めの声を、はっきりと聞いてきたのではなかったでしょうか。二〇一三年に世界教会協議会の総会が釜山市で行われました。そこに、福島第一原発事故の被害者の声が届くように、一つのブースが置かれました。その壁には画家・渡辺総一さんの大きな絵画が飾られ、またその絵画は、そのブースで行われたワークショップのチラシのイメージとなりました（http://touhokuhelp.com/jp/massage/06/2.pdf）。その絵画のテーマは「むさぼるな」でした。

「太平洋マーシャル諸島に浮かぶ核の墓場」という短編のドキュメンタリービデオがあります（https://onl.tw/wJgPYXc）。マーシャル諸島共和国の「ルニット・ドーム」が危機にあることを伝える映像です。二十世紀に多くの核実験がマーシャル諸島で行われました。その「核のゴミ」を集めてコンクリートで固めたのが「ルニット・ドーム」でした。今、気候変動により海面上昇が起こり、ドームが崩壊し始めている。そのことを伝えるニュース映像でした。

原発は原爆と表裏一体の関係にあります。「もっと、もっと」という欲望が、核エネルギーを人類の手元へと引き寄せました。そして、その過程において、太平洋の島々に、矛盾と不条理をしわ寄せした。でも、私たちはそれに気づかず、安全で快適な生活を「もっと、もっと」とむさぼった。そしていつか原発ができた。その立地町村を引き裂きながら。そして、「ウリヤの到来」となった。「三・一一」です。二〇一一年三月十二日から十五日にかけ、原発は爆発をした。

「私たち」のむさぼり

「むさぼるな」と神さまは戒めます。はっと我《われ》に返って、私たちは自分を変えようとする。でも、できない。詩編51編はその苦しみを歌います。「神よ、わたしを憐れんでください」と。なぜ、軌道修正できないのか。今回、「コロナ」が私たちに教えてくれたように思います。例えば、ジョルダーノはこうも書いていました。「ところがSARS－CoV－2〔注・新型コロナウイルスのウイルス名〕のやり方はもっと大胆だった。そしてその無遠慮な性格ゆえに、僕らが以前から知識としては知っていながら、その規模を実感できずにいた、ひとつの現実をはっきりとこちらに見せつけている。すなわち、僕たちのひとりひとりを――たとえどこにいようとも――互いに結びつける層《レイヤー》が今やどれだけたくさんあり、僕たちが生きるこの世界がいかに複雑であり、社会に政治、経済はもちろん、個人間の関係と心理にいたるまで、世界を構成する各要素の論理がいずれもいかに複雑であるかという現実だ」。私は、原子力災害の現場に立って、何度も思い知らされました。「私」のむさぼりをやめても、この問題は解決しない。「私」はすでに、「私たち」の中に編み込まれてしまっているのだから。「エゴイズム」を戒めても、問題は止まらない。問題はもう少し、ずいぶん込み入ったところへ行ってしまっていた。

「エゴイズム〔利己主義〕」は、「エゴ〔ラテン語で「私」〕」のむさぼりを野放しにして広がります。「私たち」のことをラテン語で「ノス」といいます。今、「エゴイズム」ではなく「ノシズム」と呼ばれるべきものが、問題なのだと思います。都市化した社会において、「私」は、ほとんど消滅している。「私」を構成する多くの部分は「不要不急」とされている。「私たち」の中に、「私」は消えかけている。そうして残った「私たち」に、今、十戒の言葉が、厳しく響きます。「むさぼるな」と。

だから、今、詩編51編の祈りを「私たち」のものとしたく思います。

神よ、わたしの内に清い心を創造し
新しく確かな霊を授けてください。
御前からわたしを退けず
あなたの聖なる霊を取り上げないでください。
御救いの喜びを再びわたしに味わわせ
自由の霊によって支えてください。
（12―14節）

「わたしのうちに清い心を創造してください」という切実な願いを、一人一人が神さまに祈る。その「私」が集まり、「アーメン」と声を合わせる「新しい私たち」を形成する――なるほど、ここに、「二人または三人が集まって」（マタイ18・20）行われる礼拝の意味が、新しく見えてきたような気がします。

（日本基督教団 石巻栄光教会牧師）

初出一覧

はじめに……書き下ろし

前文……書き下ろし

第一戒……『信徒の友』2006年5月号

第二戒……2006年6月号

第三戒……2007年1月号

第四戒①……2006年11月号

第四戒②……2006年11月号

第五戒……2006年9月号

第六戒①……書き下ろし

第六戒②……2010年11月号

第七戒……2006年7月号

第八戒……2006年10月号

第九戒……2007年2月号

第十戒 ……書き下ろし

信仰生活ガイド

十戒

2020年6月25日　初版発行

編　者　吉　岡　　光　人

発　行　日本キリスト教団出版局

169-0051　東京都新宿区西早稲田2丁目3の18

電話・営業03（3204）0422、編集03（3204）0424

http://bp-uccj.jp

印刷・製本　三松堂

ISBN 978–4–8184–1062–6　C0016　日キ販

Printed in Japan